CONVENTION

Jean-Marie Dru

Jet Lag
Le monde vu de la publicité

倒时差
一个广告人的世界

［法］让 - 马里·德鲁 著
戴丽娜等 译

DISRUPTION

上海社会科学院出版社

VISION

目录

001 / **Introduction**
引言

003 / **Apple**
苹果

七项黄金设计法则 / 交互管理 /
精简的艺术

014 / **Bibendum**
米其林

世纪标识 / 从品牌到企业 /
放大事实

025 / **Culture**
文化

奠基行为 / 文化经验 /
足够好还不够

037 / **Disruption**
颠覆

新方法的第一步 / 传统、颠覆、愿景 /
比世界更快一步

001

Efficiencies
效率

050/

创造价值 / 三个酬劳悖论 /
新经济模式

Factory
工厂

060/

制作产品 / 现实效应 / 品牌内容

Global
世界新格局

070/

欧洲落伍了 / 不可抑制的增长 /
文化间的对话

Hostile-takeover
恶意收购

083/

青蛙,走开 / 法国人在美国 /
合资企业

Ideas
创意

092/

品牌创意 / 广告词是什么 /
精神食粮

Japan
日本
102/
精妙的点金之术 / 精确的手势 / 尊重的传统

Knockout
淘汰
111/
衰落拉开序幕 / 两种经济 / 长线投资的必要性

Luxury
奢侈品
122/
奢侈 VS 高端 / 奢侈品悖论 / 作为商业模式的奢侈品

Media arts
媒体艺术
133/
跨越时间维度 / 从补充到颠覆 / 非付费媒体

Nissan
尼桑汽车
141/
平等的联盟 / 改变 / 新型汽车

154/
**Online
互联网**
痛苦的蜕变 / 变革的最佳时机 /
未来的重量

164/
**Procter & Gamble
宝洁**
冲突管理策略 / 市场营销学校 /
大而美

175/
**Quality
品质**
阶梯 / 从短片到加入一定故事情节 /
创意总监

185/
**Room 13
13号教室**
像老师一样的孩子们 /
从艺术到表达

194/
**Society
社会**
崇高的事业 / 私募基金支持公共基金 /
三重底线

203/ **Transparancy**
透明度
过往的战役 / 利益冲突

209/ **University**
大学
在线课程 / 未来的人才

217/ **Vision**
愿景
品牌信条 / 活跃的公司 / 意义探索

230/ **Wells**
韦尔斯
麦迪逊大道 / 洞察力

238/ **X Generation**
X 一代
描绘千禧一代 / 后现代一代 /
你说你想要一场革命

249 / **Yogurt**
酸奶

营养健康中心 / 从酸奶到小额贷款

258 / **Zimbabwe**
津巴布韦

万亿元活动 / 短暂的艺术

265 / **Afterword**
后记

267 / **Translator's Afterword**
译后记

Introduction ｜ 引言

乘飞机的时候，我经常订靠窗的位置。我喜欢这种从高空鸟瞰地球美景的感觉，并且百看不厌。香港海湾的众多岛屿，从阿拉斯加平原拔地而起的麦金利山，蜿蜒穿过干涸沙漠的碧绿的尼罗河，阿富汗陡峭、崎岖的高地，还有巴基斯坦……所有这些美景都镌刻在我的脑海中。另外，如果你想在从巴黎到洛杉矶的途中欣赏雄伟的大峡谷，请订飞机左侧的位置。

有十多年时间，我的家在巴黎，但办公室在纽约，而我们最大的分公司在洛杉矶，最大的客户在东京。这些跨越大洋的长途旅程，给了我足够的时间思考，我零零散散记下做过的一些事情和取得的成就，并用这本书把它们串联起来。这本书既是我个人的纪念、轶事、反思和建议，也是关于广告、商界和我们生活时代的写照。

我所处的行业类似于瞭望岗，这使我有幸得以把握时代发展的脉络：从汹涌的全球化增长到新崛起一代的地下运动，到企业社会责任意识的觉醒，再到世界金融加诸我们的压力，品牌下滑的普遍征兆，市场的缺陷，新兴的虚拟经济，日常生活定制的影响，口碑力量的复兴，以及数字化浪潮实践和产品等方面。广告成为我们细致入微地观察商业活动的影响因素，甚至生活本身的一面魔镜。

这本书的案例以标题首字母从 A 到 Z 顺序排列，章节之间没有逻辑关系。你可以从后往前读，也可以根据目录选择从某一个案例开始，按照自己的路径，建立属于个人的内在关联。这本书以我们最知名的客户——"苹果"开篇，以一个在广告行业获奖最多的案例——"拯救津巴布韦报纸"结束。

每一篇都遵循从具体至一般的逻辑顺序。我会给出观点，这些观点往往根植于独特的产品、品牌、公司、行业，甚至是个人。我通过个人经验来阐述这些一般性的结论。

诸篇之间没有递进关系并不意味着没有共同主线。这本书展现了我四十年来的工作生活，用来激励那些以创意为业的人们。

Apple｜苹果

"史蒂夫·乔布斯的激情在于证明别人都是错的。"2012年1月的一个晚上,李·克劳(Lee Clow)如是说。

李·克劳是我们公司创意领域的灵魂人物。苹果的创始人刚刚被追授入选"广告殿堂荣誉奖"(Advertising Hall of Fame),这是广告业必须要做的事。感谢乔布斯,那些由李和他的团队创作的广告宣传活动才能一个比一个出色。还记得 iPod 海报上荧光背景下舞动的黑色剪影吗?还记得那些向我们展示 iPad 专用的神奇应用软件的广告吗?还有那些令人捧腹的 Mac 大战 PC 机的系列短片?

那晚,李应邀作了颁奖演说,一些话我至今记忆犹新。他向我们讲述了乔布斯早在20世纪80年代就洞见的——技术将改变每个人的生活。但是乔布斯预见的重点并不关乎商业和公司,而是人。李想一劳永逸地证明这一点。他充满感情地问大家,如果没有苹果,今天的世界将会怎样?他质问人们:"你们是否意识到,如果乔布斯不是一个充满热情与激情的、不妥协的、狂热的完美主义者,可能就不会有苹果,不会有皮克斯动画,也不会有 Mac?"之后,李又说到,正是乔布斯的执着感染了人们,使人们乐于帮助他去完成大业。

关于乔布斯的事迹已广为流传。很多评论家都强调他颠覆了 5 个不同行业,其中 4 个与他先前的经历毫不相关。所以,无论苹果再发生什么情况,都不会让人感到意外。2011年,苹果公司成为世界上股票估值最大的公司。现在,人们似乎认为这一切都很正常,在意料之中。然而,在 1997 年乔布斯回到苹果公司以前,几乎所有的股票分析师都在喊:"抛!"

乔布斯会同近代的其他伟大天才一样名垂青史。他拥有令人难以置信的创造力。如果其他公司做到了苹果公司的十分之一,就会被看作是很大的突破。但他令人怀念的更重要的原因是,他在灰色、险恶的世界中为人们提供了一座希望的灯塔,这是我们这代人给后人的馈赠。从乔布斯身上,我见证了只要坚守信念,就可以绝地重生,实现最疯狂的梦想。除了用 iPad 网上冲浪或是从 iTunes 上下载音乐的乐趣外,每个人都可以感受到希望的曙光。这就是人们如此颂扬乔布斯的原因。

乔布斯的主要天赋在于他有一种满足人们欲望的非凡能力,并且能先于人们自己知道他们需要什么,比如有趣的电脑、神奇的手机、奇妙的平板电脑。20 年前,我们的加利福尼亚分公司出版了一本书,名为《发明欲望》(*Inventing Desire*)。

这正是乔布斯所做的,他能"发明"未来的欲望。他是第一个想到可以将如此多的创意(通常最初是苹果公司外部的创意)合而为一,组合成 iPod、iPad 或 iPhone 的人。乔布斯之所以能够做到这些,源于其非凡的专注力。他曾说,"创新与研发投入的资金多少无关","当苹果公司研制出 Mac 时,IBM 公司至少投入了 100 倍的研发资金。这不是钱的问题。关键在于你拥有一支什么样的队伍,你怎样领导他们,以及你如何得到创新"。他补充说,"人们认为专注意味着对已聚焦事物的持续肯定。但仅此还不够。它还意味着需要否决上百个其他的好创意。你不得不仔细地筛选。事实上,我对那些我们没有选择的和已经选择的感到同等自豪。革新意味着摒弃许许多多其他选择"。

除了不可思议的年复一年的成功,乔布斯还在所改变的事物以外留下了印记。他给缺乏美感的领域带去了美。他把计算机变成了"欲望"的对象,使设计变得重要。20 世纪 80 年代时计算机科学给人的感觉是灰色、沉重、紧张的,然而,乔布斯登场后,计算机变成了巨大而色彩鲜艳的东西,又像是长长的银色糖块。他用紧凑的布朗库西式[①]的"雕塑"扮亮了人们的办公室,使这种机器变得友好而美丽。

---

① 布朗库西(Brancuci)是罗马尼亚裔雕刻家,1904 年定居于巴黎。他打破了现实主义传统,主要用金属和石头作为材料,创作了极其简单明快的几何造型的抽象雕塑。——译者注

倒时差
一个广告人的世界

乔纳森·伊夫(Jonathan Ive)是苹果公司的设计主管,乔布斯在 1997 年重返苹果时发现了他。乔布斯曾对伊夫说,自己一半的成功应归于他。伊夫手下仅有 20 位设计师,同竞争公司的几百名设计师相比,这个数量小得可怜。那么,苹果公司惊人的创造力到底从何而来?当然是来自天才的电脑工程师和设计者们,同时,也来自乔布斯和伊夫在管理团队时下达的精准指令。

我想这些指令中有两点非常重要:一是对于每个问题,他们坚持不仅要选择最好的,还要选择最直观的解决方案。这条标准没有什么争议,为苹果公司工作就得把这条标准当作信条。二是要求最先进的技术产品必须易于操作,用户在不清楚如何使用时也能够本能地找到答案。

达到这种操作上的直观性和简约性需要投入巨大的工作量。第一款 iPod 操作界面有着全新的设计概念,人们在几分钟内就可以毫不困难地接受这种概念。苹果公司在敲定这种不需要任何用户说明的简单设计前,曾研究和实验了大量不同的系统。众所周知,iPhone 手机包装盒里面没有用户手册。其他的生产商可没有足够的胆量这么做。

七项黄金设计法则

苹果的设计是无与伦比的。它之所以成为典范,是因为遵循了以下法则,我将它们称为"七项黄金设计法则":

Apple | 苹果

一，要设计出卓越的产品，不能只满足于在现有设计上作微小的改动。iPod发布时就和原来的产品样式截然不同。

二，卓越设计的诞生，需要公司保证设计的核心地位。在很多公司，通常设计的价值认可度并不高，这实际上是在掩饰其想象力的匮乏。要想创造出优秀的产品设计，设计就必须处在核心位置。

三，卓越的产品设计需要公司具有较高的整合度。没有一个公司像苹果公司整合得这么完美。它是唯一一家由一个部门同时管理硬件和软件的公司，也是唯一一家软件开发者和设计师近距离工作的公司。在苹果公司，观念的横向传输堪称典范。

四，卓越的产品设计需要生产过程与设计相辅相成。苹果产品的革新不仅体现在它所提供的功能上，还体现在制作的方法上。开发新工具、新材料和新生产流程是苹果工程师日常工作的一部分。对竞争对手而言，需要改变制造方法才能仿制一款产品，这需要更长的时间。因此，生产系统革新也是保持竞争优势的一种手段。

五，卓越的产品设计需要对细节有强烈的关注。看了苹果的产品，你就会知道工业化工艺的含义。伊夫曾要求将用于在曼哈顿建造第一家苹果商店的大理石运到公司总部所在地库比蒂诺，以便他能够察看它们的纹理。这使苹果公司给人留下奢侈品公司的印象。即使是无法看到的产品内部，在苹果也同样受到精心对待。这就是"瑞士表文化"在硅谷的

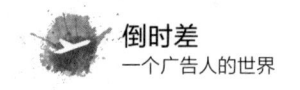

应用。

六，卓越的产品设计需要公司允许错误的出现，更确切地说，是鼓励犯错。艺术家们难免会走入死胡同。伊夫曾在接受《激进工艺》(Radical Craft)杂志采访时说："'犯错'是我们团队的特征之一。它意味着保持好奇心和探索意识。你发现自己错了，是件值得激动的事，因为那表明你发现了新东西。"

最后，卓越的产品设计需要突出视觉冲击力。产品设计与艺术创作类似。人们说起卓越的产品设计时，就像在谈论伟大的艺术品一样。也就是说，设计作品与艺术品一样会留下印记。

近来，注重设计的迹象开始重新出现。许多年前，德国的博朗公司和日本的索尼公司等早已深谙此道。但事实上，至今也鲜有像苹果这样如此重视日常设计的品牌。以前我们只是觉得"有"就足够了，而苹果公司进一步提升了我们对物品的美学期待。

你不但可以梦想拥有更美好的物品，而且可以明确提出这样的要求。比如，我希望生活在一个每家公司都非常注重视觉呈现的世界里。我希望法国银行分行停止用成千上万恼人的有机玻璃招牌"轰炸"我们，当夜幕降临时那些氘射线会对人体造成侵害。我希望经销商能够将超市商品碉堡般的矩形排列改为曲线式。我希望巴黎咖啡馆从米兰和布达佩斯酒吧更为现代的风格中汲取灵感，改变它们丑陋的风格。我希望城市规划者能放弃那些会对拥有千年历史的欧洲河岸造成

Apple | 苹果

污染的民粹项目。我希望有一天可以不再面对巴黎里昂火车站外令人眼花缭乱的招牌和指示牌，希望现代建筑师不再丑化我们的城市景观。有谁会发自内心地捍卫巴黎奥斯特里茨码头新"时尚和设计之城"糟糕的绿色覆层呢？

我希望孩子们在学校可以学到排版和书法，乔布斯就学过这些技艺，它们会增加人对物质美的敏感。例如，把一种简约的无衬线字体放在店面中，企业的价值就会得到提升。

交互管理

与苹果合作后，我发现设计不仅仅是美学元素的增加，它的精髓更在于产品的成长。苹果公司还告诉我们两个重要的理念：一是交互的重要性，二是精简的艺术。

2000年，我们得知苹果公司打算开设自己的专卖店。这主要是为了减少对多品牌销售商的依赖，他们往往不能给予苹果产品足够的特别关照。苹果公司希望能够完全掌控公司与用户交互的全过程，特别是要观察用户接触到实体产品时的第一反应，营销人员将这一关键时刻称为"关键的决策瞬间"。

在互联网时代，为何苹果这样新潮的品牌还会想进军零售业？像戴尔公司那样，通过网络渠道销售，难道不是理所应当的选择吗？我们经常自问类似的问题。但随后的经历使我明白了这其中的道理。在差不多一年时间里，苹果公司一直

倒时差
一个广告人的世界

在筹备发布一款革命性的 MP3 播放器（那时 iPod 的名字还未诞生）。分析师称该产品将给市场带来冲击，他们预言这一产品的市场份额将会达到 30%—40%。这比当时苹果电脑销售顶峰期的市场份额还要高很多。一旦将来 iPod 用户发现了"苹果世界"，他们就会考虑改变选择——接受苹果电脑。但是从 Windows 转换到 Mac 对用户来说是一个很大的变动，那意味着多年的使用习惯与认知都将付诸东流。因此，苹果公司需要为 iPod 用户提供一个场所，在那里他们可以接触、试用苹果电脑。苹果专卖店可以为这类人群充当"转换器"，正如我们所知道的那样，让他们可以在店里花几个小时来了解、熟悉苹果电脑的操作系统，然后再决定要不要购买……自从 iPod 上市后，苹果电脑的市场占有率增长了一倍多。

现在全球约有 380 家备受喜爱的苹果专卖店，它们体现了产品设计与店面设计的相得益彰。交互在现代营销中举足轻重。从专卖店到产品，从 iPod 到 Mac，从 iTunes 下载到 iPad 订阅，苹果公司就是交互大师。物理学家们早就知道，控制元素之间的交互，可以增加这些单个元素的能量。

苹果公司的员工在广告领域同样也精于交互管理，他们很清楚各种广告形式的组合之道。领导品牌、挑战品牌和外围品牌需要采用不同的广告语言。但是一个品牌同时融领导者、挑战者和局外者身份为一体的时候该怎么办呢？

直到最近，苹果在电脑领域仍是个外围品牌，在 MP3 播放器领域却是领导品牌，而在智能手机领域则是挑战品牌。

我们不断调整不同的广告方案以适应这一现实。例如,将苹果电脑广告方案清晰定位为外围品牌方案,采用了比较策略,用一个人物代表 Mac,一个人物代表 PC。正如《广告周刊》(*Adweek*)所说,"Mac 那家伙好似年轻的乔布斯,外表看起来休闲、舒适。PC 就像一个体形更加圆润、面色更加苍白的比尔·盖茨,是一个有着各种各样运行问题的好心极客"。《广告周刊》还说道,"对苹果来说,广告策划巧妙地使该品牌在无情击败对手的同时仍保持悠然、冷静之态"。苹果就是用这种有时看似无辜但往往是毁灭性的智慧,同微软开了个玩笑。

比较策略通常用于外围品牌的广告活动,领导品牌则应该避免使用这种策略,它们需要超越竞争。iPod 海报正是如此。iPod 无疑是其细分市场的领导品牌。它的海报形象威风凛凛、色彩大胆,鲜艳的造型好似从海报上呼之欲出,俯视着人们,使人无处可逃。事实上,正如你感受到的,Mac 广告和 iPod 广告风格截然不同。然而,它们都以完美的形象,简洁、美观的风格共同演绎着苹果品牌。

iPhone 的广告介于 Mac 和 iPod 二者之间。它需要挑战诺基亚和索爱。与强调 iPod 的技术优势不同,iPhone 的情况是截然相反的。iPhone 广告聚焦于产品,尤其是它的应用程序,这为 iPhone 建立了强大的竞争优势,并且使其从挑战品牌转变为领导品牌。

选择正确的方法来匹配每个产品的市场定位可以帮助它们建立品牌的"魔法"。这些不同方法的交互作用效果极佳,

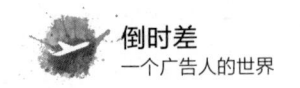

使品牌无处不在。这意味着在成为市场领导者的同时，仍然保持着冷静。这正是你所需要的技巧。

精简的艺术

　　精简的艺术是苹果公司带给我们的另外一个重要启示。现在，请大家努力忘掉 iPod 的海报吧，假设它们不存在，从来不曾存在过。让时光倒回 2000 年，那时苹果正准备发布一款包含很多革命性功能的新产品。很多人认为如果宣传活动做得出色，将会获得巨大成功。"突出产品独一无二的特性"是广告人熟知的准则。iPod 有十几个显而易见的优点，然而，一个年轻的艺术总监却意外地提出了一个看似空洞，甚至是肤浅的创意——视觉上仅仅呈现荧光背景下舞动的黑色剪影，丝毫没打算给产品的创新特性以惯常的礼遇。

　　很多人没能领会到 iPod 这则优秀的广告创意已经达到了标志性的维度。我们以为它是肤浅和无意义的，是因为没有领略到其"平易"中的典雅，而这正是设计所应追求的境界。媒体艺术实验室的主管詹姆斯·文森特（James Vincent）在我们公司洛杉矶分公司负责运作苹果公司的营销活动。他提出了"精简的艺术"一说，指出 iPod 广告运用了乔纳森·伊夫的极简主义方法。

　　极简主义的一个关键方面在于，兼具简单与丰富的二元性：用纯粹的形式表现最基本的内容。极简主义追求的即时理解要求尽可能去除物体及其所代表的意义之间的干扰元素。在这方面，苹果公司提供了一个典型实例。在苹果公司，我们都有这样的共识：摒弃装饰和不必要的模式。这是极简主义艺术的基础。

苹果公司把精简的艺术引入消费者的生活，并且深受欢迎。当今世界迫切需要简约，苹果品牌的设计方法有其社会必然性。当可持续发展成为一个决定性因素，相比过度消费，更简单的生活方式才是优选，在这种情况下，极简主义应该在经济、社会层面具有更大的积极价值，似乎是自然而然的事。这看起来可能有点奇怪，一个不断发明新消费需求的品牌，却应该站在努力使事情变得更简单的前沿。这正是苹果诸多矛盾的地方之一。

回到乔布斯。几次新产品发布会中，投影上都映着一个虚拟的十字路口，路口的两个路牌上，一个标着"技术"，一个标着"自由艺术"。他用这幅图代表多学科、丰富创意和对人类需求的敏感，这些都是苹果产品的核心优势。2010年发布iPad的时候，乔布斯站在同样的十字路口背景前深思苹果成功的秘密。他说，在苹果产品的基因里仅有技术是不够的，技术要同自由艺术、人文相结合，产生让我们的心为之悸动的效果。

Bibendum｜米其林

"您已经犯了第一个错误。"米其林公司公共关系总监让-皮埃尔·维勒密(Jaen-Pierre Vuillerme)说。

总部位于法国克莱蒙特-费兰德的全球轮胎制造巨商——米其林,一直自己制作广告。随着米其林的业务在全球扩展,除了法国以外,它在其他国家都雇用了广告代理公司。直到1985年,米其林法国公司才决定也采用代理方式,并在它的家乡第一次组织了竞标。我们的公司有幸胜出。按照惯例,我们提出了签订合同的要求。商讨过程持续了数周。最后,在要签字的时候,让-皮埃尔·维勒密笑着对我说:"您还不太了解我们公司。您刚刚已经犯了第一个错误。在米其林,我们一向言出必行,别人签了合同还有可能随时违约,但是我们从不食言。"

自那以后,我们和米其林多次续签过合同,但是我确信,直到现在他们公司的人还会说同样的话。与其他公司不同,米其林公司在这方面的企业文化非常深厚。让-皮埃尔的话引起了我的共鸣。我的家人是巴黎大堂批发市场的食品经销商,我亲眼目睹了数以百计通过握手言定,但没有任何书面协定的交易。

2010 年年中,我们同米其林公司一起筹备该公司 25 周年庆典活动。我作了一个简短的纪念演讲。当我准备演说词的时候,脑海里忽然闪过从米其林,这家与众不同的公司得到的经验:在多数方面保持传统行事风格,而在一些方面则勇于进行颠覆性创新。

大部分人感兴趣的是车,对轮胎感兴趣的人不多。然而,轮胎在车子性能方面起关键作用,涉及抓地力、刹车,甚至安全等问题。日常驾驶的轮胎,测试范围很广,从在停机坪上巡航的离心力,到坑洼路面引起的磨损,还有转向力、悬挂系统的连续推拉、车辆自重、温度骤变和一系列其他参数。米其林的一名工程师声称他们差不多要权衡近 20 种类似参数。他说:"几乎没有其他制造厂商会遵守这样的标准。这些物理检测简直就像噩梦。"

这应该就是米其林实验室成功的秘笈。法国总统弗朗索瓦·密特朗(François Mitterrand)在到访米其林的时候,参观了它的实验室。事实上,自从 19 世纪以来,米其林可谓该领域最具创新能力的公司。子午线轮胎是米其林公司的杰作,被每一个主要竞争对手模仿。米其林公司赢得了上百次一级方程式汽车大赛奖。它是一个常规赢家。如果这些不足以表明米其林轮胎的出色,那么,它可以胜任航天飞机着陆工作这一项应该足以证明。

回溯至20世纪80年代,让人感到惊讶的是,自战后以来,米其林公司的一些工作体制就没有改变过。说得委婉些是保守。公司内部仍旧使用的一些术语已经有些过时了。例如,他们称业务员为"途径"(The Road)而不是"销售人员"。每天早上,"途径"们聚集在当地的邮局来听取区域经理的指示(在法国,邮局是唯一会在工作日8:30开门的场所)。

米其林的员工为他们的工作感到自豪。每个米其林员工都被亲切地称为"bib"[1],并且理所当然地认为自己的任何产品都要比其他公司的好。一天,我在米其林克莱蒙特-费兰德总部注意到两个来换窗框的人,发现他们是公司内部的木匠。公司在每一个业务领域都自雇技工。正如我以前所说,1985年前,米其林甚至连广告都是公司自己设计的。

在我们的广告代理公司被引介给米其林公司几个月后,让-皮埃尔·维勒密打电话告诉我:"'信任'在米其林公司是最重要的事情。尽管有一些小错误和误解,但我们认为还是能够信任你们公司的。我们将委托你们代理包括法国在内的全欧洲的广告业务。"

米其林是一家世界级的家族企业。"信任"和"进步"是前

---

[1] bib 系米其林吉祥物名字 Bibendum 的昵称。——译者注

首席执行官弗兰索瓦·米其林(Franois Michelin)最喜欢使用的两个词。我只见过他几次,但是他的强势气场给我留下了深刻的印象:对待下属,他表现出一种罕见的有所保留的严厉和开放兼而有之的态度;他对他人发自内心的关怀也常常溢于言表。我对弗兰索瓦的儿子爱德华(Edouard)更了解一些,他两眼炯炯有神,有着强烈的好奇心。爱德华启动了米其林管理变革进程,革新了公司内部操作流程。当他父亲决定进军美国市场的时候,他认为中国才是市场前哨。

米其林公司掌控在一个奋发努力的家族手中。尽管弗兰索瓦·米其林以严谨著称,但是为了实现征服美国市场的愿望,他冒了很多风险。他知道为了在竞争中获胜,公司必须采取全球化策略。他深知自己冒了一些相当大的风险,那时并不确定是会得到高额回报,还是将一无所有。例如,米其林在收购古德里奇(Goodrich)和尤尼罗伊尔(Uniroyal)两家公司时,面临很大的财务风险。最后,高风险得到了高收益。如今,米其林已成为世界级领导品牌。

出于保密的考虑,"谨慎"逐渐成为公司的一种行事风格。米其林很少成为头条新闻的主角。然而在 2010 年和 2011 年,声誉研究所(Reputation Institute)称米其林公司是巴黎股票交易所 CAC40 股指清单中最受尊敬的上市公司。即使在商界,也没有多少人了解它,因为米其林一贯保持着谨慎的作风。

倒时差
一个广告人的世界

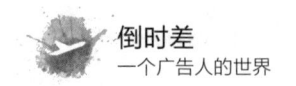

世纪标识

2000年,米其林公司的吉祥物——米其林轮胎先生被国际评委评选为"世纪标识"。米其林轮胎先生的影响力远播商界之外。它激发了全球各地画家和雕塑家的灵感。从纽约切尔西别致的画廊到西非阿比让郊区市场,人们都可以看到各种米其林轮胎先生形象。在法国,一个多世纪以来,米其林轮胎先生的昵称"必比登"几乎家喻户晓。

米其林餐厅和酒店指南,还有米其林地图,在全球范围都有着较高的使用率。很多人都认识米其林星星,会通过两个红色"图钉"判断两地之间的距离。数千万人会在不经意间将他们驱车经过的景点在米其林路线图上不断标识出来。米其林地图丰富了我们对现实的认知。人们可以依照地图上绿色横线所标识的,沿着小路步入深林之中。米歇尔·维勒贝克(Michel Houellebecq)是一位与众不同的法国小说家。2010年,他的一部小说获得了法国最负盛名的文学奖——龚古尔文学奖。小说的主人公是一位艺术家,他展出了一组根据一幅米其林地图放大的照片,照片采用低角度拍摄,从而增加了景深。小说的名字为《地图与疆域》(*The Map and the Territory*),主题阐述了地图实际上比它们代表的现实更有趣的观点。维勒贝克称,"绘图精美,绝对清晰。它展现了一个迷人的梦一般的疆域"。

再回到米其林先生。纽约现代艺术博物馆在一场名为"高雅与大众、现代艺术与通俗文化"的展览中为米其林先生提供了一个显眼的位置。展览策划人讲述了米其林人诞生的过程:"那是在1897年,安德烈·米其林和他的哥哥爱德华曾到访了在里昂举办的一次展会。两人中,爱德华更具艺术素养,他说,如果给堆起来的轮胎添加一副手臂,看上去就会像人的形态。在米其林早期的海报中,可以看出这些堆起的轮胎从工业产品到人形的转变轨迹,这是一个为汽车时代创生的人形机器形象。"他接着说道:"早期的米其林先生戴着单片眼镜,抽着雪茄,也许会让人觉得只有富人才能买得起汽车。随着广告宣传活动的发展,米其林先生逐渐变成了普通人的形象。"

的确,随着时间的推移,米其林先生几乎已经变成了一个抽象的符号,一个广告中的图标。在广告业,一些品牌被称为"图腾"。这里,我用了整整一章来讨论米其林,只因为米其林的必比登——米其林轮胎先生确实是一个偶像化的符号,它被巧妙地融入流行文化。事实上,只有极个别品牌可以拥有这种偶像化的地位,像可口可乐、迪斯尼、李维斯、麦当劳、爱玛仕、绝对伏特加和最近的苹果,这些佼佼者已经达到了这种境界。

从品牌到企业

客户有时会向我们咨询将品牌"图腾化"的秘笈。这意味

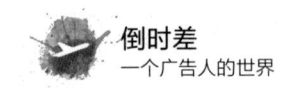

着需要去改变公众对品牌的看法，提升品牌的声望。但仅有少数品牌具有图腾化的潜质，因而普遍采用这一策略会有一定风险。我虽然赞成图腾化的理念，却建议采取另外一种策略——将品牌企业化运作，"浪潮""帮宝适"和"妮维雅"公司都采用了该策略。

　　品牌和企业之间的等级差异似乎过于抽象，却很有意义，有助于我们在不同层面进行思考。这是一种使品牌"制度化"的方式。例如，帮宝适公司一方面提供高质量的产品——尿不湿，另一方面，同时推出了一款 iPad 应用程序，让孕妇可以看到十月怀胎中宝宝的成长变化。如此一来，帮宝适就表现得更像是一个企业而不是品牌。它像催化剂一样催生了一系列与母亲和宝宝有关的事物。品牌企业化运作显然可以赋予品牌一些额外的身份。毕竟企业的行为边界总是要比品牌构成要素的范围宽得多。

　　早在 20 年前，我曾建议美国的威克空气清新剂公司（Air Wick）停止他们的某种品牌推广策略。他们的策略就是仅仅反复强调该空气清新剂在除异味方面优于其他公司三倍，这种推广容易让人感到厌烦。并且，我们建议威克空气清新剂公司提高境界，将自己打造成"空气护理公司"。这无疑是开辟品牌无限前途的一个绝佳起点。但是我没能成功。时至今日，威克清新剂公司仍旧将自己局限于祛除异味的狭窄业务范围里。

　　过去的几十年可以大致分为三个时代。首先是全球化时代,然后是数字化革命时代,而现在我们正在进入一个可以被称为"企业化"的时代。如今,品牌正在发起一系列的具体行动,以展现它们的雄心。同时,广告也在拓展其使命边界,高屋建瓴地运作。这是一种微妙的协调,广告在提升品牌声望的同时,也致力于关照衍生产品和服务。这是因为,它必须整合、协调好企业、品牌和产品等不同层级的关系和行为。

所有参与品牌塑造的企业部门必须学会密切合作。这种合作由于难于实现而显得更加重要。现在有一种不良的倾向,即每个部门都认为自己是品牌唯一或主要的管理者。这种观念显然会引发很多矛盾。

以汽车业为例,品牌的塑造至少涉及 4 个部门:市场营销部、设计部(该部门决定了品牌的物理属性特征)、销售部(客户拜访经销商时,是第一次近距离接触品牌,因而这一部门是影响客户形成品牌印象的重要部门)、公共关系部(企业在社会生活中发挥影响力必不可少的部门)。由于 4 个部门之间不可避免地存在"筒仓效应"[①],有一件事就变得十分明朗。市场营销部无法单独管理品牌,因为它不该优先于其他 3 个部门。它可以启动、建议、构想,也可以协调,但是不能单独起决定性作用,因为品牌的内涵比市场营销更为丰富。

---

① 筒仓效应(Silo Effect),指企业内部因缺少沟通,部门间各自为政,只有垂直的指挥系统,没有水平的协同机制,就像一个个谷仓,各自拥有独立的进出系统,但缺少了谷仓与谷仓之间的沟通和互动。这种情况下各部门之间未能建立共识而无法和谐运作。——译者注

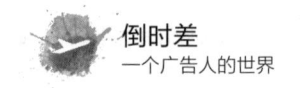

企业必须学习如何在上述背景条件下运作。工作流程和决策程序的设置需要确保其能够将品牌利益作为权衡其他事务的准则。品牌必须有激发力和整合力。这意味着要满足以下两个条件：一，企业需要采取扁平化结构，以使不同的团队能够更紧密地合作。二，需要建立一个地位较高的权威中心，即"首席品牌官"，来协调分歧。由于品牌管理涉及很多部门，所以首席品牌官需要是一位有影响力的人物，至少是董事委员会成员。在实践中，大多数高级管理人员都试图避免介入品牌管理，他们认为品牌作为一种无形资产，较难管理。他们应该意识到自己现在对品牌的管理已过于偏重依赖市场营销部。高级管理人员需要积极地参与到品牌塑造的过程中来。唯有如此，企业主要的无形资产——品牌才会获得应有的待遇。

苹果公司就由首席执行官来负责管理企业品牌的任务。众所周知，他们因此取得了巨大成功。

放大事实

广告的职责就是使企业的所作所为受到瞩目，展现品牌的价值，使得企业的构想脱颖而出。什么是广告呢？借用法国小说家埃利克·奥森纳（Erik Orsenna）的话，就是"放大事实"。"放大事实"有点像用两个手指在 iPad 屏幕上向外滑以放大图片的感觉。

我们的任务是确保人们知道：达能公司致力于投资食品健康；麦当劳是法国农业的积极合作伙伴；阿迪达斯公司赞助了社区篮球赛；帮宝适公司向非洲发放了数以百万计的破伤风疫苗；绝对伏特加公司每个冬季都会负责建造瑞典北部的冰雪酒店；百思买公司在推特上提供 24 小时热线服务；法国零售商超级 U 通过支持当地农产品解决本地就业问题；护肤品公司薇姿在互联网上提供免费皮肤诊断；瑞典家居用品零售商宜家正在建立风电场以抵消商场的碳消耗；尼桑和雷诺正在绘制未来大规模投资电动汽车的蓝图（在当前很多人效仿它们的情况下，你可以说，它们已经为世界汽车行业进步作出了多年贡献）。

所有这些事实都应该让公众知晓，所有这些成就都值得被"放大"。当它们被视为纯粹的商业行为的时候，人们会低估它们的重要性。当它们被"放大"时，人们才会意识到它们真正意味着什么。

现在世界上最有价值的品牌 20 年前可能还不存在。想想看，谷歌、亚马逊、易贝如此快速便成了我们生活的一部分。虽然如此，全球 50 个最有价值的品牌中，仍有一半以上拥有超过 50 年的历史。因此，有创造性、有想象力、有毅力，以及很少被提及的产品质量是品牌长盛不衰的关键。企业所作的坚持、决断导向何方，决定于品牌的核心，即企业原生文化。

我前面提到了米其林的企业准则，提到了他们重视信任的体现。坚持，是我谈到这个家族企业时要说的另外一个特

倒时差
一个广告人的世界

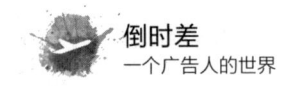

点。当质量受到威胁时,米其林不会妥协,也从来没有妥协过。坚决保持优质产品的立场从一开始就确立了。如今,坚持对米其林来说仍旧很重要,即使是一些看似微不足道的小问题。例如,米其林赞助了克莱蒙特-费兰德橄榄球俱乐部。这家俱乐部有大量输掉全国决赛的记录,记录显示已经输了10次。尽管如此,米其林从来没有减少支持力度,坚定地与该俱乐部并肩作战,即使是在他们最低迷的时期,也没有动摇过。

2010年5月29日,在克莱蒙特俱乐部第一次输掉决赛74年后,它在法国国家体育场以19比6的成绩击败对手佩皮尼昂橄榄球俱乐部,赢得奖杯,获得举国瞩目。克莱蒙特市为他们的凯旋举行了热烈的仪式,每一个居民都为此感到自豪。当我同米其林当时的负责人米歇尔·罗利尔(Michel Rollier)谈论决赛的时候,他非常热情。如果我的理解有误,那么我希望他能原谅。但我确实感觉到,对他而言,这次胜利似乎比米其林公司荣膺全法国最受推崇的公司还重要。

在米其林,让人团结在一起并能产生分享的热情的东西,永远比外在的荣誉更重要。内在的力量永远胜于外在的世界。

Culture ｜ 文化

"文化不是游戏的一部分，它本身就是一种游戏。"

我经常引用 IBM 前主席路易斯·郭士纳（Louis V. Gerstner）这句话。他因在 20 世纪 90 年代带领公司扭亏为盈而出名，避免了一场很多人认为一定会发生的灾难。有评论称，他曾接受过商品包装学院严格的训练，在纳贝斯克公司（Nabisco）有 15 年的从业经历。可能多数人会认为他会对诸如"企业文化"类的学术主题讨论感到抵触。

在他接管公司后，IBM 从计算机制造商转变为咨询和服务提供者，然后是数据管理者。虽然经过三次转变，IBM 的文化一直保持完好。事实上，它变得更强大了。

很多欧洲人认为文化和商业是一对矛盾体，这两个词不太适合放在一起。很少有人喜欢商业，在人们看来，商业有些市侩，太重金钱。然而，人们普遍喜欢文化，认为它是开放的、可触的和无私的。当商业人士使用"文化"一词时，人们会认为这个词被异化了,超出了它本身的内涵。

然而,我并不赞同上述观点。我认为"文化"一词不受任何人垄断。在很多方面,这个词已经最终突破了欧洲人试图守住的底线。如今,摇滚、体育和网络对文化这一概念的使用已经很常见。我们的数字部前负责人最近发表了一篇题为"跟随文化的脚步做广告"(Advertising at the Speed of Culture)的文章。该文通过互联网上流行的事物证明了当今的流行文化。"高雅文化"和"流行文化"的边界正在快速消失,而后现代主义的使徒们还在自豪地吹嘘他们已经为这二者划分了界限。

奠基行为

企业文化并非生而有之。一些奠基性行为从一开始就永久性地形塑了企业的特征,并贯穿企业发展史。这些行为准则帮助企业在商业生活的波动中保持本色。它们帮助企业围绕核心和基础展开业务,以此来确定其到底是什么类型的企业。我知道很少有蓬勃发展的成功企业,在经过多年的运作后,还能够保持其早期的态度和行为。商业模式——企业挣钱的方式不断变换,但是企业文化可以保持不变。这有赖于最初深思熟虑的决定和地位的建立。这些决定和地位如果代表着一种真诚的承诺,就可以塑造出一种长久的文化。这种文化通常也是企业成功的保证。

Culture | 文化

下面以米其林、达能和爱玛仕等著名法国品牌为例,向大家介绍一下如何塑造企业文化。

米其林:根据物理定律,轮胎制造商在汽车最初行驶的几英里内无法获得产品最佳性能以及维持产品寿命的数据。但是轮胎制造商的最大客户——汽车制造商,坚持以第一天的数据作为最佳性能值,这样商业杂志记者在新品测试时就能体验到轮胎的"最佳"抓地力。米其林不赞成这种做法,他们宁愿牺牲最初几英里的表现,也要从整个轮胎生命周期权衡利弊。我们的一个宣传广告特别强调这一理念:真正的性能体现在持久。米其林不会为短期表现而牺牲驾驶的安全性。尊重消费者是公司的核心价值,它代表了米其林企业文化的核心。如果让一个人来定义米其林的企业文化,他一定会说是"纪律和尊重"。

达能:最初达能公司建立是为了销售发酵乳产品(主要是酸奶),帮助人们促进消化,这些产品当时通过药店专售。这一传统在 20 世纪 80 年代末决定了公司的方向——注重"健康"的价值取向。在后来推出像奶油蛋羹和其他奶油甜点这样注重口感的产品时,达能开始意识到应该坚持初衷,继续投资健康饮食。它成立了达能健康研究所,以帮助企业更好地理解食物和健康之间的关系。通过这种方式,达能资助了医生、科学家和营养学家的研究工作,每年都在促进企业不断提升知识水平。随着时间的推移,达能管理层设立了许多相关项目。其中有一个是与小额信贷创始人穆罕默德·尤努斯

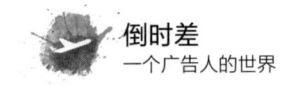

（Muhammad Yunus）一起建立的"社会企业"，"社会企业"致力于研制适合发展中国家的营养酸奶。这类项目体现了达能公司承诺的长期性和根深蒂固性。这是一种从达能的发展历史中承继的企业文化特征。

爱玛仕：爱玛仕是一个了不起的公司。他们的信条概括自前首席执行官让-路易斯·杜马斯（Jean-Louis Dumas）的话语："我们生产有价值的产品而不是昂贵的产品。"爱玛仕产品价格昂贵，是因为爱玛仕不会对质量妥协，只有最好才行。久而久之就形成了该品牌的特性，历任管理者并没有随时代变化改变对产品质量的承诺。面对时尚产业的起起落落，爱玛仕岿然不动。它的产品质量毋庸置疑，完美是终极目标，它对美的追求是永恒的。"我们不属于奢侈品世界，我们也不属于时尚界。"让-路易斯·杜马斯评论道。

文化不会凭空产生。自第一天起，米其林就非常重视顾客的安全；从一开始，达能就致力于销售有益于健康的食品；从一开始，爱玛仕追求卓越工艺的行动就没有停止过。每个公司都通过不妥协的方式锤炼其独特的企业文化。

文化经验

在大西洋彼岸，通用电气公司（General Electric）因其首席执行官的严厉和因此形成的严谨的企业文化而闻名。严格的企业文化取得了惊人的效果。50年来，从没有其他公司像通用那样持有如此多的专利,甚至没有一个公司在这方面可与之匹敌。畅销书《管理的未来》(*The Future of Management*)的作者加里·哈默尔(Gary Hamel)揭示了其中的奥秘。"在对科技的探索和发现中,通用公司建立起了严格的管理制度。"在他看来,该传统源自托马斯·爱迪生时代。爱迪生所建立的工业研究实验室为日后的通用电气奠定了基础。他并没有只专注于纯科学,而是去生产具体的应用产品。他像运营公司一样管理实验室。通用电气一直尊重这一传统。它是一个以严格标准进行管理的创新之地,至今仍保留着托马斯·爱迪生时期的企业文化。

全食超市(Whole Foods Market)只销售有机和天然产品。但是它大获成功的原因在于,其不仅为热衷于有机食品的顾客提供服务,还吸引了其他广泛的消费者群体。全食超市销售的食品注重环保、健康和口感。它每平方英尺的销售额是最大竞争对手的两倍。公司的管理模式很独特——更像一个社区而不是层级结构。公司的内部文件中表述道,全食公司的愿景是"相互依存"。文化,尤其是创新文化,需要依托有形的因素。在全食,高管和新进员工之间的工资差距比美国企业平均水平低 10 倍。同样,股票期权不限于少数人持有:93%的全食员工拥有股权。全食以社区的形式诞生,致力于为本社区的顾客(至少他们最初曾属于本社区)服务。它成功地坚守了这一初衷。

像经营企业一样管理实验室,像管理社区一样经营企

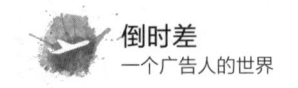

业——这些就是通用公司和全食超市塑造企业文化的"奠基之举"。

强大的企业文化在组织中随处可见。比较一下消费品领域里的两家大公司,我们就能获得一些启发:宝洁公司和欧莱雅公司在很多市场领域里是竞争对手。两家公司创建时的情况持续影响着它们日后的管理结构。在19世纪末,准确来说是1879年,宝洁公司创造了它历史上的第一个品牌——"象牙"。在那时,他们便已经开始以这样的动机行事:通过创造消费者需求来调节制造商和零售商之间的矛盾。宝洁创造了"品牌经理"的概念。时至今日,公司的主要部门仍旧是以领导品牌(如汰渍、玉兰油、帮宝适等)为核心形成的一些同类产品部门,有肥皂部、护肤品部、纸品部等。

欧仁·舒莱尔(Eugene Schueller)[1]通过向美发师销售染发剂产品的方式推出了欧莱雅品牌,然后,再由美发师向下形成销售通路。这就是欧莱雅公司的特征。欧莱雅也是围绕一系列主要部门搭建的公司框架。但与宝洁公司不同,它的部门是以客户为基础的:香氛店、药店、杂货店和美发店。在宝洁公司,品牌比销售渠道更重要,而欧莱雅则相反。直到最近,管理其他通路而不是品牌的观点仍被认为是值得商榷的。但是当零售渠道被并入大公司时,欧莱雅的方法就给它带来了持续的竞争优势。

---

[1] 欧仁·舒莱尔,法国欧莱雅集团创始人。——译者注

宝洁和欧莱雅的其他差异表现在思想层面,这或许表现为宝洁偏于美国中西部文化而欧莱雅更偏重欧洲文化。宝洁通过药店销售时,强调其护肤品的科学性;通过香氛店销售时,则强调自身产品的美容作用。宝洁认为连贯性很重要,它的理念是专一的。而欧莱雅认为,销售成功的关键在于科学和美的结合,因此它的做法很巧妙:在不同的销售渠道强调另外的维度。在美容店,传输科学的理念;在药店,为产品赋加美学意义。宝洁采取的是强化、专一思维方法,欧莱雅更喜欢补充式策略。

同样的对比在决策程序中也存在。宝洁的方法再一次表现出简单的特征。公司一直运行着神圣的"推荐制",从品牌经理到首席执行官,皆依此制。建议能否被采纳需要经过严格的分析评估。这种方法无法支持自由讨论。欧莱雅则截然不同,喜欢安排"碰头会"。会上,不同级别的经理们各抒己见,以帮助老板作出最好的决定。

你也许会感到这两种文化在整体上是有相似之处的。它们已经形成了自己的内在逻辑,并随着时间的推移影响公司的管理结构和行为。正如我大学时的心理学老师常说的,结构决定行为,行为也决定结构。在我还年少时,欧莱雅和宝洁就已证明了这一定律。

强大的企业文化给员工提供了一个在其中工作的框架。他们每天做的事情都会很有意义,工作不仅仅意味着工作。企业文化成为连接不同部门、不同职位、不同国籍员工的纽

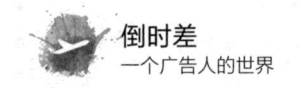

带。文化提供了一个共同的目标和凝聚力。

哈佛商学院教授大卫·迈斯特尔(David Maister)曾就强大文化是否可以提供竞争优势进行了研究。分析过上百家公司后,他确信工作满意度与财务业绩之间有明显的相关性。他的研究结果表明,建立了强大内部文化的企业享有较高的员工满意度,而员工满意度较高的企业效益也更好。换句话说,企业内部文化是影响员工士气的最重要因素,而员工士气则是影响利润的最重要因素。

有些人对此仍持怀疑态度。他们认为过于重视企业文化可能会产生抑制作用,使人们倾向于采取保守的价值观和可预测的行为模式。企业文化在这种情况下会成为阻碍变化的因素。在实际中,企业文化也有可能有助于企业进行自我改造。我们生活在一个需要企业进行较多动态调整的时代。企业积极应对危机的能力是与企业文化渗透力成正比的。在一个瞬息万变的时代,强大的企业文化可以帮助企业应对各种变化,同时保持自我。

足够好还不够

TBWA[①]也非常重视企业文化。我们所处的广告行业竞

[①] TBWA,李岱艾广告公司,全球最大的广告集团奥姆尼康的子公司,在业内以创意成名。——译者注

争很激烈。任何一个新入行者都可以开司设店,并在短短几周内就同其他既存公司展开业务竞争。很少有市场会像广告业这般开放竞争,没有准入壁垒。《企业文化与绩效》(*Corporate Culture and Performance*)一书是我们这一行重要的参考书,作者约翰·P. 科特(John P. Kotter)和詹姆斯·L. 赫斯克特(James L. Heskett)指出,企业文化的影响力随着竞争强度的增加而增长。这就是我认为我们自己的企业文化如此重要的原因。我们的企业文化基于一系列原则,共计12条。它们形塑着我们的工作方式。无论我到了全球哪家分公司,我都提醒人们,我们的企业文化是多么明确。某种程度上,我就像一个"传教士",宣扬那些我们团队认为好的理念。从吉隆坡到旧金山,我都向人们灌输那些原则。我深信迟早有一天,这些原则会给我们带来两三个额外的增长点,使我们公司变得大不相同。

洛杉矶分公司的创办者杰伊·恰特(Jay Chiat)的一句话,在我们很多办公室的墙上都可以看到——"足够好还不够"。对这句话我们很容易达成共识,但是当我们试图将该理念付诸日常实践时,却发现它确实是个挑战。对"还可以"不妥协意味着要进行更多残酷而严苛的尝试。

我在公司的不同下属公司所提到的其他原则,还包括我们的工作方法、商业模式和制定业务计划的方式。无论何时,我的目的都是强调我们方法的与众不同之处。我分析了公司内部交流方式、人才培养、客户开发、与供应商建立关系和对慈善机构的承诺等。我列出了一些我们理念的关键词,这些关键词深刻反映了我们的企业文化。最后,我还阐述了我们怎样试图影响所处行业的未来。到这里为止是前11条。

第12条涉及对公司总体表现的评价。应该用什么来进行评价呢?我的密友、继任首席执行官汤姆·卡罗尔(Tom Carroll)改变了我们的评价参考体系。我们不再认为同直接竞争者建立比较就足够了,而是希望成为最具创新性的公司之一。当我们告诉记者这就是我们公司的目标时,他们似乎感到很惊讶。他们知道我们已经是最具创造性的广告公司中的一员,有些年份,我们甚至是第一名。但是现在我们要进行跨行业竞争,这就改变了我们的评价体系。尽管我们还热衷于广告节奖项,但是不再用它来界定创意的概念。现在我们所认为的"创意",意味着一些不同的东西,就是在一个更广泛意义上进行创新,并从这个层面上评价公司。从现在起,我们的任务可能是创造一款新的 iPad 应用程序,也可能是用一种新方法来设计品牌架构。对于我们而言,一夜之间,竞争的性质已经发生了转变。我们自我衡量的参照群体有苹果、迪斯尼、耐克、谷歌和亚马逊。

作为一个追求的目标,这可能让人感到有些好高骛远,但它是一个可以使我们向更高层次发展的好方法。我们的确是《快速公司》(*Fast Company*)[①]杂志上全球排名第一的、最具

[①]《快速公司》是与《财富》和《商业周刊》齐名的美国最具影响力的商业杂志之一。——译者注

创新性的广告联盟公司。在所有公司中,我们的排名是第 24 位,落后于苹果、迪斯尼和谷歌,但领先于微软、丰田和耐克。保持这样的名次已经很不容易,但将创新作为发展目标扩展了我们的视野。

我在法国的一些大学和研究院任教了很长时间,其中包括法国一流的 HEC 商学院和巴黎拥有九百年历史的索邦大学。我看到很多学生都厌倦了他们的商务学习课程。他们希望我能够提供一些"颠覆性"的建议,认为我已经开发出了一系列非常规的管理规则。然而,我的确还没有将这变为现实。但我还是赠予了他们一句看似矛盾的隽语:"对我而言,最难处理的事务不是分歧,而是'软共识'(温和的赞同),这是一种懒惰的共识。"

如果有明显的分歧,就会有人来处理。有了努力方向,反对者会被带入一条战线。但如果是"软共识",人们就会大意地认为大家对目标已经达成一致,但是事实上那些"软共识"者的投入度不尽相同。

这种"软共识"不会造成压力,很容易被接受。它包括那些人们认为理所当然的,从来不讨论的问题。例如,当被问及"管理文化重要吗",两位高管或许都会给予肯定答复。但可能其中一个认为"企业文化是成功的关键",而另一个则认为"是重要的,但不是至关重要的"。如果后者得到了晋升,公司业务将会逐渐下滑。当公司的一个重要职位要招聘新员工,面对两个相似的候选人,他的偏好也会与前者存在不一致。

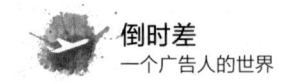

此外，他的投资重点也会略有不同。几乎是在不知不觉中，这个公司已经和之前大不相同了。

在 20 世纪七八十年代，我亲眼目睹了一些拥有令人钦佩的企业文化的优秀大公司的崛起。随着时间的推移，它们因屈从于平庸而消逝了。一不小心，任何公司都可能蹈入此辙。这种趋势不会因其不易被察觉而稍减危害性。企业文化的衰滑总是致命的。

每天早上，我走在上班的路上，都会思考我们的企业文化，并且希望继任者以后也能这样做。

Disruption | 颠覆

"'颠覆'是我们'不公平'的竞争优势。"

凯瑞萨·毕安奇(Carisa Bianchi)是 TBWA 广告公司洛杉矶分公司的首席执行官。洛杉矶分公司是 TBWA 诸多分公司中最有影响力的一个,雇员接近千人,拥有很多像尼桑、Visa 和苹果这样世界级的大客户,40 多年来,一直因其一流的创意水平而享有盛誉。我经常引用凯瑞萨的一句话:"'颠覆'是我们'不公平'的竞争优势。"她用"不公平"一词表示"颠覆"是我们的王牌,这个不那么秘密的武器让我们的竞争者们羡慕不已。对她而言,"颠覆"打破了广告专业人士所循的常规。

我经常用英语国家广告人策划的共同对抗法国葡萄酒业的案例作为"颠覆"一词的完美诠释。事情是这样的,非法国葡萄酒生产商说服了那些来自英语国家的客户,葡萄的品种(赤霞珠、梅鹿辄等)比出产地(波尔多、勃艮第等)更重要。一

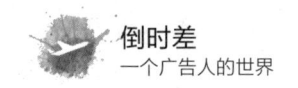

夕之间，伦敦和纽约的葡萄酒销售列表发生了翻天覆地的变化。法国葡萄酒市场份额被泛滥的智利和澳大利亚葡萄酒侵蚀得仅剩很小一部分。思维的转换带来了一个并不复杂的颠覆，却给法国葡萄酒生产商造成了毁灭性的影响。他们的产品与先前并没有任何不同。那么，怎么会这样？唯一改变的就是怎样来定义市场。这是一个诠释"颠覆"内涵非常恰当的案例。

"颠覆"通常发生于一个品牌生命发展的分水岭。这是一个断裂期，在这个特定的节点，品牌和其所在公司的前后命运截然不同。这是一个关键的时刻。

我们有幸促成了很多品牌与公司的转变。我们帮助伏特加酒品牌转型成为当代艺术的赞助者；帮助某电子游戏机发展成为行业的标志，成为好莱坞的对手；帮助某销售狗粮的公司转变成一个热衷于追求提高狗狗福祉的企业，并成为世界上最大的狗狗领养推动组织；将一家电信运营商打造成为"实干家"——那些没有时间浪费在煲电话粥上的忙碌人士服务的公司；将一款运动手表转型为奢侈手表；使美国快餐连锁领导品牌为欧洲社会广泛接纳；使一个久居第二位的运动鞋品牌成为一个斗志昂扬的挑战品牌；使一家亚洲银行变成一个备受尊敬的企业；将园艺产品包装成具有化妆和美容功能的植物；将监狱中生产的服装打造成时尚产品；将一个口香糖品牌包装成具有辅助增强注意力功能的产品。我们证明 SUV 汽车是城市型汽车；口感好的乳制品是对身体有益的。我们邀请年轻人"品尝彩虹"。我们认为"每一代都会刷新世界"。

我们告诉人们"并非生活中的一切都是可以算计清楚的"或者"嫉妒就是无知,模仿就意味着自杀"。我们证明了不是人适应电脑,而是电脑适应了人。正因如此,我们承诺 1984 不会像《1984》中写的那样。15 年后,对于苹果公司,我们也只使用了一个词:"非同凡想"。这个词带来了无处不在的颠覆。

新方法的第一步

我时常被问及"颠覆"的思想从何而来,以及怎么来的。颠覆的方法和概念最早可以追溯至 1991 年。这一想法在我开始工作的第一周就萌生了,之后却经过了一个漫长的形成过程。我工作的第一家广告代理公司名为杜佩·康普顿(Dupuy Compton)。我很感激这家公司的老板。当我问他客户经理主要的任务是什么时,他给了我一个惊人的答案。我以为他会告诉我是客户满意度,或者是重视最后的期限或预算,甚至是杜佩公司被公认的创意方法——销售不同寻常宣传活动的能力。但都不是。他告诉我是"写好策划",并补充道:"一个好的策划可能产生一个好的广告活动。这个说法不是绝对正确的,但通常情况下是对的。一个糟糕的策划总是会产生一个糟糕的广告活动。在一段时间内,没人会改变一个好的广告活动,人们只会更新它,更新意味着花费的时间比第一年少。最终,这将带来更多利润。"他向我传授了好的广告活动与利润之间的直接联系,向我介绍了现在所谓的创意产业,他认为是

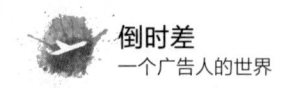

创意支持了严谨的管理。

每年夏天,世界各地的广告人都会来到法国里维埃拉,评选并庆贺前一年最优秀的广告活动。这就是戛纳广告节。戛纳电影节在 5 月举行,广告节在次月。一般人对它不太了解,但每年的广告节确实汇集了上万人,其中包括超过 500 名记者。1982 年,我第一次主持了这个盛会。很荣幸,马丁·宝萨(Martin Boase)是评委会中的一员。他经营着一家英国广告公司,该公司建立了广告行业历史上首个"战略策划部"。就像我第一个老板那样,马丁同样深信策划是广告活动的命脉,为此,他专门成立了一个部门。在他的公司 BMP 中,聘用的策划人员与客户专员一样多。他们的作用是充当公司内部的消费者代表,预测消费者的需求,并分析其对尚处于概念阶段的广告活动的潜在反应。每位策划师都会组织一些小组会议来探讨每个广告活动的潜力。他们的工作与其说是评判活动,不如说是筛选,是为了识别那些可供主创人演绎的关键点。

我对他的公司不断赢得金狮奖的卓越稳定性感到震撼。我邀请马丁共进午餐,以便于我们有更长的谈话时间。我问他是如何保持佳绩的,这种创造力的根源是什么。他说,是"战略策划"。他的回答证实了我长久以来的猜想。当创造性的想象力有了坚实的基础,它就可以自由地翱翔。换句话说,强大而全面的策划工作意味着将客户的想法转化为一个基于同样信息的,却令人鼓舞的活动计划。这就是战略策划工作。

某些情况下,策划会达到更佳的效果。例如绝对伏特加,在其策划方案中将伏特加作为艺术品对待,从而使自身超越了品牌的起源和传统;再如百事,其策划不仅仅限于单独的活动,而且设计了完整的项目,如"百事焕新项目";又如"阿迪达斯",在其策划案中,向每个运动的人传递了这样的信念:他们的个人记录是不可超越的,直到自己突破那天;而苹果的策划战略则是有意淡化产品的技术特征,集中体现数字化的生活方式……品牌策划有上千种方式,无论哪种,最重要的都是:新的视角、揭示未知的行为、挑战传统观念、做看似矛盾的工作,或者引入一些新的战略思想。

戛纳的那顿午餐成了我人生的转折点。自那以后,我一直因策划的重要性而执迷于它。从某种程度上讲,这种痴迷使我管理的公司出现了分歧。但我仍然认为,写策划不是传递现有信息,它在本质上是一种创造行为。

传统、颠覆、愿景

20世纪80年代末,我们创立了总部设在巴黎的跨国广告公司——BDDP。正如我们后来所看到的,这家公司最终与TBWA合并了。公司的总裁尼克·鲍姆(Nick Baum)坚持认为,集团下属公司应该建立一套独立的标准工作方法。我感到费解。因为公司固定工作模式似乎是一种限制性的、贬低性的,而绝非鼓舞人心的方法。对我来说,写策划是一种创造性的行为,每次都不尽相同。这种涉及战略目标的工作方式需要根据每个案例的具体情况而改变。我们用这种自由的方式工作了四五年，在全国范围创造出很多令人难忘的广告活动。在1968年5月法国文化革命之后的20多年中，我们都生活在一个令人兴奋的时期。经济和社会环境已经发生了巨大的变化，但不知为何，在当时，60年代的精神又回光返照了。

成为跨国公司，建立全球代理网络对我们公司而言是个里程碑。忽然之间，通过正式框架在不同国家和背景的人之间建立共同语言的需求就显露出来了。我们需要建立一种新的合作方式，这种新方式需有益于发展和传播我们自己的方法。

在BDDP发展的早期，很多客户请我们为陷入困境的品牌进行策划。这成就了我们的特色。我们对客户说："把你们最难做的品牌交给我们吧！"在这些品牌处于困厄，甚至是绝望的境地时，我们总是能想出大胆的、冒险的策略。我们创造了一个新的法语词汇来表述我们的所作所为，即"战略突破"（stratégic de rupture）。这是一种从旧观念中寻求深层次突破的方法。

1991年初，我们收购了一家纽约广告代理公司。这家公司的战略策划主管正在试图寻找和建立企业文化共识。她问了处于此情此景的人都会问的一个经典问题："我们的主张是什么？"我向她解释了"战略突破"的含义。她看到了我们方法的相关性，但是法语中的"rupture"一词造成了理解障碍。这个词在法语中表示积极地与过去"断裂",而在英语中,指的则是一种棘手的医学问题。因此,她想出了很多可能与之对应的词,其中一个是"disruption"(颠覆)。在当时,这个词仅能用来表示消极意义上的麻烦和侵扰。尽管它会引起负面的联想,但我还是决定采用它来描述我们的工作是如何运作的。

一个概念就这样诞生了。起初,每个人都说我们选择了一个特别笨拙的词。但是想想,是什么促使我们为自己本能地在做的一些事创造了一个新的方法论术语?这些非议并没有使我们却步。通过纽约的战略团队,我们完善了自己的方法,也很快在诸多方面证明了它的应用价值,特别是在我们的整个跨国公司网络中创建了一种共同的文化和语言。1992年5月,《华尔街日报》用整版广告来宣布推出我们的新方法。广告用了一个词作为标题——"颠覆",用了150个词来阐释它的内涵。"颠覆"宣告启航。

开始的时候,发生了几次令人担忧的情况。许多人持怀疑态度。他们是正确的。我们早期对"颠覆"的描述确实有些过于复杂。伦敦分公司的负责人保罗·拜恩斯法尔(Paul Bainsfair)总是能机敏地搞出一些恶作剧。在一个来自世界各地的200余人参加的网络会议中,他放映了英国喜剧电影,蒙提·派森(Monty Python)的《布莱恩的一生》(*Life of Brian*)[①]中

[①]《布莱恩的一生》,别名《万世魔星》,是一部1979年的英国喜剧电影,由英国幽默团体蒙提·派森编剧及出演,导演为特里·琼斯。——译者注

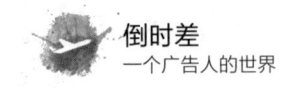

的著名片段：电影中格雷厄姆·查普曼(Graham Chapman)饰演的布莱恩，放肆地嘲弄了那些用教义和教条蒙蔽世人的高傲传教士。15年后的今天，我仍然不知道这个玩笑是对颠覆式生活的一种尝试，还是与之相反，是为克服是否接受颠覆这一矛盾心理而采取的手段？

尽管有些暂时的困难，我们的新方法还是逐渐得到了人们的支持。大家发现"颠覆"不是一种痛苦的约束，而是一种能让工作变得更容易的工具。一些书中开始谈论它，客户们喜欢它，它还引起了商业领域之外专家的注意。如今，关于"颠覆"的基础教程已被翻译成12种语言，销量也很好。中文盗版书也售出数万册以上。《追求卓越》(*In Search of Excellence*)的作者汤姆·彼得斯(Tom Peters)赞扬"'颠覆'是当今商业最有影响力的思想"。当然这也许有点夸张。

2003年，"颠覆日"(Disruption Days)诞生，"颠覆"得以以我们现在所知道的方法运作。"颠覆日"那天汇聚了大约20名来自我们公司各部门的员工，以及差不多同样多来自客户公司的销售、生产、财务、法务和市场营销等部门的人。我们也邀请了公司总部的人员，与这些初级主管共聚一堂。保证各个层级都有代表参加，这一点十分重要。我们已经通过网络组织了3 000多次"颠覆日"活动，约有超过5万名客户代表参与过。

约翰·亨特(John Hunt)是"颠覆日"整个流程的发明者，他曾与瑞格·拉斯卡里斯(Reg Lascaris)共同创建了南非分公司。"颠覆日"的流程围绕"传统—颠覆—愿景"的逻辑顺序来策划,这个逻辑顺序是我们方法的核心。我们从检视市场传统开始"颠覆日",过去,这些事情因为过于寻常而慢慢被人忽略。到上午结束时或下午的早些时候,我们想出颠覆传统和推翻旧有秩序的方法。然后,我们会进行一系列尝试,以便能够思考或探索出品牌的长远前景。

当洛杉矶分公司的负责人意识到约翰发明的方法的价值时,他决定即刻采用并完善这一方法的流程。如果参加了我们洛杉矶分公司的"颠覆日",你一定会深受影响。准备工作可能需要几星期,有时甚至是数月。整个公司都将被借用。8间会议室里到处是文书、挂图和摘要,等等,一些房间被设为"传统室",一些是"愿景室"。根据预先设定的流程,参与者被分为4组,从一个房间走到下一个房间。这三四十个人会展现出意外的创意。对这些创意我们不会进行专业与非专业的区分。正如加里·哈默尔所说:"是时候停止创意的隔离啦!""颠覆日"的到来,使每个人的想象力得以发光。

你不可能对这种经历无动于衷。我们大部分客户都对品牌和产品倾注了所有的精力。他们大多最想重新体验的就是看到拆解后的品牌日常环境,有些人甚至希望每年都能组织"颠覆日"活动。

比世界更快一步

"颠覆"与"断裂"的概念是相通的。它不是逐渐改变,也不是小范围的改良，它反对"渐进主义"。在我的第一本书《创意飞跃》(*The Creatine Leap*)中，我曾提出，创意人才必须能够从现有策略的关联中实现想象力的飞跃。仅满足于战略措辞的改变是不够的，甚至改换标语也不能弥补创意的匮乏。创意可以将我们带至任何地方，因此，我称之为"创意飞跃"。

"颠覆"代表从创意世界到战略世界的转向。飞跃发生在战略阶段，甚至在创意过程之前就已开始。

多年来，想象力的松懈在战略阶段是不能被容忍的。确认战略的相关性非常困难。尤其是在宝洁公司，将"创意"与"战略"相关联被认为是一种亵渎行为，只有战略才是应该有相关性的。"颠覆"消除了战略思考和创意表达之间的障碍。我们认为，每个阶段都需要想象力，无论是流程的上游还是下游。

一些人认为"颠覆"仅针对一些不可能的事情。这是种武断的结论，有这种想法的人，冒昧地认为自己可以定义创新的规则。如果在声称反对既有模式的同时提出新模式，这具有什么样的意义呢？"颠覆"的概念是自相矛盾的。有序的行为如何创造无序？彼得·德鲁克(Peter Drucker)[①]给出了一个很好的答案："创造性的破坏需要一个过程，并且需要有组织

---

① 彼得·德鲁克，1909年生于奥地利，1937年移民美国，是一位作家、管理顾问、大学教授。他以建立于广泛实践基础之上的30余部著作，奠定了其现代管理学开创者的地位，被誉为"现代管理学之父"。

地进行。"因此，需要有一个思考的框架和一个有组织地解决问题的方法。这就是为什么我们总是从研究市场传统入手，总结既有的经验。我们始终遵循一系列预先设定的程序，它们是长期实践和问卷调查总结的产物。

此外，还有一个思想惯性的问题。没有多少广告代理理论或方法会持续使用这么长时间。每天我都会听到类似的话，"颠覆的思想已经存在20多年了。我们所做的事就是创新。我们难道没有与时俱进吗？"或者，"难道'颠覆'在大众媒介发展巅峰或品牌需要整合信息传播的时代没得到什么发展，反倒更适合碎片化的数字时代吗？"这两个问题的回答都是否定的。创新永远是对传统观念的挑战。每个时期都有自己的逻辑，每个时代都会生成思想的主导模式。智慧传统代代相继。任何年轻的艺术家想要产生影响力，都需要打破前一代的规则。每个科学突破都涉及对已被广泛接受的理论的挑战。对于诸如销售、营销、传播等商业学科而言，"颠覆"意味着在更广泛的世界中实现创新思想。

无论如何，"颠覆"确实不能固步自封，不能一成不变。它不能成为一种固定的处方。没有什么是不可挑战的，也没有什么是神圣不可侵犯的。我们一直希望通过数千个"颠覆日"的积累，使"颠覆"发展成为一种有机的方法。事实上，它已经在发生了。这种方法一直处于逐步进化中，是有生命力的。

事实上，"颠覆"一词的含义已经更新。它原本含有消极的意义，但已逐渐演变得积极，至少在业界是如此。评论家越来越多地使用这个词。他们说着颠覆性的策略或计划,用大写字母 D 代表该术语。随着时间推移,我们作为"颠覆"概念创造者的身份甚至被淡忘。美国《执行官》(*Executive*)杂志的一名记者,看上去可能有将近 30 岁的样子,最近在一次访谈中指责我非法占用这个概念多年。在他看来,"颠覆"一词不可能是最近发明的,它应该是一个在公共领域流传已久的战略方法。宝洁公司前首席执行官 A. G. 拉弗雷(A. G. Lafley)和前全球市场营销官吉姆·斯滕格尔(Jim Stengel)一定也相信这一点。他们已经使用"颠覆性创新"这一术语 5 年了。这是一本原名为《游戏规则改变者》(*The Game Changer*)的书中的核心观点。Techcrunch 是目前世界上最流行的科技博客,它最近被美国在线(AOL)收购了。Techcrunch 每年组织一次为期一天的研讨会,讨论最具创新性的初创企业。今年他们研讨会的主题是什么?"颠覆"。另外,年底,《商业周刊》评选出了"年度颠覆人物"。因此看起来,在争夺我们创造的概念的所有权斗争中,我们就要输了。

"颠覆"源于一种广告方法,之后成为一种市场营销工具,继而又成为一个提升业务的催化剂。它是各种各样"解决问题"的技术。传统—颠覆—愿景作为一个逻辑顺序,不仅在广告业,而且在诸多领域帮助我们找到解决方案。这种方法使得我们在活动中创新,寻找多种零售渠道,为人力资源部门设立新的招募标准,建立研发重点,发现多样化的新方法,为投资分析师构思策划,或者在并购后重建文化桥梁……我们甚至为一家律师事务所组织了"颠覆日"活动。

在芬兰,我们为政府组织过"颠覆日"活动。芬兰是个小国家,经济发展主要依靠诺基亚公司。当诺基亚由于不当的战略决策而导致其全球领导地位下降时,该如何应对呢?政府没有能力影响私人公司的战略选择,但是它可以补贴替代性和有前途的行业。我们帮助芬兰当局确定了几种途径。在泰国,许多企业到我们公司来寻找新的商业模式。他们感受到中国和印度品牌的竞争挤压,来自这两个国家的品牌不但更有名气,而且兼具成本优势,并能提供质量更好的产品。无论我们走到哪里——赫尔辛基、曼谷,或其他地方,我们都试图尽量扩大那些咨询者的视野。

在过去大约 20 年中,公司已经逐渐习惯不断改变自身观念。改变不再让人生畏。但是 2008 年经济危机爆发了,这种衰退的力量令人猝不及防。在新环境下,"颠覆"的意义和目的已经得到了发展。"颠覆"可能不总意味着主动变化,但是它知道如何鼓励变化。它教导我们如何将不可预知的事态发展作为前进的道路。它为"公司是否与时俱进?"等问题提供了明确的答案。一旦面临这样的困境,我就让客户安排"颠覆日"。当他们询问原因时,我明确地告诉他们:"改变一切意味着失败,什么都不改变同样意味着失败。"

然后,我又补充道:"决定改变什么才是最关键的,这就是'颠覆'的本质。"

Efficiencies ｜效率

"死亡螺旋"是我发表在《广告时代》(Advertising Age) 杂志上的一篇文章的标题,那篇文章主要探讨广告代理费用下降的情况。

在我们的行业很难确定公平的报酬。原因很简单。我们卖的是创意,但是我们无法评估它们的价值。这一困难并不局限于广告业,它影响到所有与认知相关的行业。智力产业是21世纪的核心行业。我们还不知道应该如何量化无形资产。

国家广告商协会主席在读了《广告时代》上那篇文章后,邀请我参加位于佛罗里达州博卡拉顿的年度大会。听众由四百余名采购代表组成。他们中的大多数人不会同意我的观点。即使会引起一些人不悦,但我还是在一开场就引用了奥斯卡·王尔德的话,痛斥了那些"对任何事物的价格所知甚清而对它们的价值一无所知的人"。

Efficiencies ｜ 效率

当被问及如何收费时,我们洛杉矶分公司的首席运营官尼尔·格罗斯曼(Neal Grossman)开始播放一部短片。基本上,过去20年来,广告客户将时薪作为衡量我们业务报酬的基础。劳动力成本是根据工作小时数计算的,有点像出租车司机和计价器。这部短片抨击了这种有缺陷且不公平的做法。短片中,时间是1927年,地点在加利福尼亚州好莱坞的斯通斯崔特工作室。斯通斯崔特先生坐在一个造型奇特的桌子前,戴着厚厚的眼镜,他的客人是迪斯尼先生。迪斯尼先生站在那儿,斯通斯崔特想要购买他创造的角色——米老鼠。斯通斯崔特称赞了迪斯尼的工作,马上又询问他设计这个角色花了多长时间。迪士尼先生不明白这个问题的含义,他没有认识到斯通斯崔特先生有兴趣知道他设计米老鼠所花费的时间,是为了计算出合适的劳务报酬。接下来的谈话仍然以缺乏理解的方式延续,斯通斯崔特先生又问:"画图花了几个小时?"迪士尼先生依旧彬彬有礼,甚至带着几分恭敬,但无法掩饰对斯通斯崔特先生思维方式的惊讶。最后,斯通斯崔特先生计算出迪斯尼先生的工作时间为17个小时,并以每小时5美元支付酬劳。他未对时间量和小时费率作出让步。为了这个影响了数亿人,使一代又一代人沉迷其中的创造,他一共支付了85美元!

在短片中,斯通斯崔特仅谈论数字。与之相反,迪士尼先生则重在解释他是如何画出米老鼠的,这个创意是如何诞生的,展现一种"无形"的维度。两种话语之间的差距突出表明了用小时数来衡量创意价值的弊端。斯通斯崔特先生确实提出了具体价格,但这个价格与他正打算购买的价值无关。

这个问题会影响所有的创意产业。法国作家马克·哈莱维(Marc Halevy)在其所写的《创意的价值有多大?》(*How Much is an Idea Worth*?)一书中强调,"无形经济的兴起带来了价格与价值之间的背离"。有必要找出使购买价格反映的客观世界和与购买物价值相关的主观世界相一致的方法。

回到广告业。收入方面的压力,一部分缘于经济衰退,一部分是由于数字革命令我们的工作习惯完全改变,但主要因素仍然是采购专业人员的日益增多。管理层不断对他们提出更多要求,所以他们必须把每一笔预算都降至最低,寻求更高的"效率",尽快回本。很快,我们就会更多地讨论如何从创意中获取报酬,而不是如何获得创意。

在过去的几年中,我们已经跌至生存门槛之外。欧莱雅和福特的技术部门用两到三年才开发出一个新产品,而我们必须在短短几天内提出策划方案。这种失衡是不正确的。几十个,甚至数百个人工作的成功与否,都必须倚仗这些由两三个人组成的创意团队,而他们却没有获得足够的任务时间。我每天都能看到这种束缚带给员工的影响。但没有任何广告机构敢于公开谴责这种情况,以防被指责管理不善。但是,业内人都知道自己已经逐渐陷入困境。

我们不善于捍卫自己。来自麦肯锡、BCG 或贝恩的管理顾问,在资历和培训水平相似的条件下,每小时获得的酬劳是管理层级广告人员的两倍。这种差距从根本上来说就是不合理的。管理顾问的经济模式比我们的更能获利,因为他们经常提供预制的建议,而广告代理商是提供定制服务的。我知道管理顾问能提供什么,但我也清楚我们能带来什么。

创造价值

1981 年,一个小的伏特加品牌诞生了,这个品牌甚至不是诞生在俄罗斯。经过 800 幅印刷广告 3 年的运作,"绝对"成了世界伏特加中排名第二、所有酒类中排名第四的品牌。在这种情况下,它创建的价值可以用货币来衡量。2008 年,法国白酒巨头保乐力加(Pernod Ricard)以 90 亿美元的价格从瑞典政府手中购买了绝对品牌。

当泰格豪雅(Tag Heuer)的掌管者雇用我们来运作他们的广告时,他们的运动手表平均每块卖 600 美元。由于进行了重新设计,并且受益于"无惧挑战,成就自我"(Don't Crack Under Pressure)的广告活动,3 年后,每块手表的平均售价几乎已经是原来的两倍,达到 1 100 美元。不久之后,该公司在瑞士股票市场上市。上市对股东来说是一次惊人的成功。自从那天起,商学院的教授们就将豪雅作为成功进阶高端市场的典型案例。豪雅品牌现在已与奢侈品牌相匹敌。

1990 年,我们建议达能建立"达能健康研究所"。这一举措对达能所产生的影响一直延及 20 多年后的今天。有时,新举措的成功就是对相关战略的绝对认同。这个案例就是如此。今天，达能销售量的三分之二可归于达能乳酸菌或达能碧悠这类以健康为导向的产品。20年前，达能销售量的三分之二来自甜品和甜点型产品。恢复品牌在健康方面的诉求使达能重新焕发了生命力。

从这些案例中，我们能够学到一些关键的东西。一条战略性的建议使达能持续获益超过 20 年，如何判定其中的价值？在品牌的成就主要缘于广告的情况下，绝对在 2008 年销售的 90 亿美元中，有几成应归功于广告代理商？那天在佛罗里达州，我也提到了阿迪达斯。我们如何评价"没有不可能"这类广告语的内部影响？假如阿迪达斯的销售代表不得不面对无处不在的耐克，这一口号在多大程度上改变了销售团队的精神面貌呢？我也提到了法国国家铁路公司 SNCF，当你知道其电视广告真正的作用是劝阻工人发动罢工时，你如何衡量它对货运部门的价值呢？

我们的困难在于经常没有办法衡量自己所创造的价值，因而，我们的客户最终也将其忽略不计了。

三个酬劳悖论

在购买的过程中，不存在无法衡量价值之物。这就是为什么人们在购买广告时只想着节省成本，而不考虑附加值。创意的价值无法准确量化。公司购买广告的人员唯一感兴趣的是他们所谓的"效率"。那天在博卡拉顿,我想出了三个悖论中的第一个:"最重要的部分正是你们没有支付的那部分。"

我问了一系列问题。互联网为创意提供了免费的传播媒介。在这种情形下,除了为创意本身付费之外,是否还应为创意带来价值百万的合同的能力支付报酬?抑或后者必须免费?当广告口号成为公司的座右铭,最终影响到其战略,或者公司的新产品简介,那么也许该广告代理公司应该得到更多的酬劳。当我们开发了一个 iPhone 应用程序,该程序改变了大型金融公司的运作方式时,我们所做的也应该是免费的吗?所有这些问题可以归结为第二个悖论:"代理机构从来没有发现获取合理的酬劳是如此困难。然而广告主从来没有像现在这样需要广告代理公司。"

事实上,有几个因素有助于将广告代理公司置于广告主关注的核心位置。首先,广告主有更多的创意需求。应用了数十年的旧模式所传递的信息一成不变,效果趋微。除非有很吸引人的东西,否则没有人会注意到。创意不再是可有可无的选项。其次,广告主需要整合,涉及公关、数码、设计、销售、直接营销、企业沟通和广告等所有领域。一旦广告主意识到他们缺乏整合这些活动的能力,其对代理机构的需求就会增加。最后,媒体的复杂性日益增加:互联网使人们的选择呈指数级增长,创意也在不断变化。在这一背景下,我们必须生产越来越多的内容。广告主需求急剧增长。我们的巴黎分支机构之一,每年制作将近 800 个短片,通常发布于网络。而生产这些产品也需要新的资源,并且是价格高昂的资源。

像许多其他行业一样,广告业也正在经历重大的动荡。最近有一位金融分析师指出,广告代理商正在成为管理顾问、内容制作商、商业经纪人、知识产权分销商、技术专家和数据分析师,以及广告活动的设计师。的确如此。这就是为什么广告主看起来比以往任何时候都更需要广告公司。

最后一点,广告代理公司的主要职责是增加客户品牌的价值。没有人否认这一点。事实上,在过去的10年中,品牌在企业价值中的比重已经加大:它们现在代表了大部分公司的无形资产,而这又代表了超过一半的标准普尔500企业的总体价值。因此,品牌价值被公认为是公司最大的资产之一。

由此观察,可以得出第三个悖论:"当营销的作用受到公司质疑时,广告如何才能够获得更核心的角色?"广告无疑是一种营销工具,所以它的命运与营销紧密相连。但是在许多大公司中,市场营销经常受到质疑和批评。公司对营销的信心正在下降。在美国,营销总监的任期平均为23个月。23个月!绝对是一个行业陷入困难的标志。首席执行官希望他们的营销总监能明确公司的总体战略,但没给他们做这个工作的手段。误会和挫折随之而来。在这种情况下,购买广告的人员如何才能进一步加强对市场营销的重视?如何才能更好地掌握营销要求?我们要如何解释营销是一个需要优化的投资,而不是要最小化的支出?

新经济模式

约翰·鲁斯金(John Ruskin)是一位维多利亚时代的艺术史学家和哲学家。他对下面这一点理解得很深刻,即当你为某种东西支付了太多费用时,你所失去的不过是一点钱;当你支付得太少时,你失去的可能不仅仅是钱,你所购买的功能将无法很好地实现。老练的客户谈判者会慎重考虑鲁斯金的结论:"支付太多是不明智的,但支付太少是不利的。"

广告公司所遇到的问题反映出我们生活的时代所面临的一些问题。在各个领域,如何评估无形资产正逐渐成为一个核心问题。广告业面临的挑战是其他行业同样应注意的,因为在后现代资本主义条件下,大多数公司资产将是无形的。人们开始相信,虽然他们知道如何以财务价值评估品牌,但评估无形资本仍然具有极高的风险性;某些财富无法转化为数字反映在资产状况表上,如人力资源、客户群、合作伙伴关系、计算机系统、公司总体知识和总体技能,以及与认知经济相关的形象。无论在微观经济或公司层面,还是在宏观经济或发达经济体层面,无形资产都代表未来。即使是对工业产品的需求,也将取决于注入其中的智力元素。我们评估无形资产价值,更确切地说一系列无形资产的不同估值的能力,将变得至关重要。

早在 1994 年，一位久负盛名的 IT 业天才埃斯特·戴森（Esther Dyson）写道："数字内容可以被轻易复制和传播的特性，最终将迫使企业廉价地出售创意活动的成果，甚至放弃出售。无论什么产品——软件、书籍、音乐、电影，它们的创造成本只能以间接方式收回：企业必须免费分发知识产权，才能销售服务和关系。"这个惊人的预言成为现实已有时日。现在，事情正在发生变化。人们正开始因自己所做的工作获得补偿。例如，苹果可以让应用程序开发得到补偿，并且已经向我们展现了补偿路径。他们正为创意授权支付费用，并且因此证明埃斯特·戴森可能是错的。

广告业需要寻找其他收入来源。本着这种精神，我们公司正在努力制造可以销售的产品。这里有一个例子：我们为一位客户设计了一款手机软件，允许访问平台的用户获得基于地理位置的数字商品。该软件经过修改可以销售给其他客户。换句话说，我们可以把提供服务转变成制造一种产品。英语语言提供了一个笨拙但可以源源不断产生新词的途径：在这个例子中，就是从名词"产品"到动词"产品化"的转换过程，即将不是产品的东西转变成产品。

然而，这些衍生品不能成为我们报酬的主要来源，只是增量收入。而当我们组织"颠覆日"和"媒体艺术日"时，会因核心业务获得报酬。这正是我们期望的付酬方式。我们必须坚持朝着这个方向努力。

广告交易的是无形资产，无形资产正在转变为经济的核心。这将诞生许多新的经济模式。成千上万富有想象力的创业者们将会发明新的盈利方式。认知行业是发达国家未来发展的关键,我认为它不会长期被低估。人们迟早得学会重视无形资产。

Factory | 工厂

"我们是做产品的。"我不得不承认,我并没期待人们认同我的观点。

我们的工厂地点在"媒体艺术实验室"(Media Arts Lab),它是我们洛杉矶分公司专为苹果建立的一个部门。任何涉及苹果的事情都必须保密。出于保密性要求,我们把 400 名相关员工安置在保密墙内。为了加强安全,员工和访客需要刷指纹进入。这是一个受到庇护的环境。你可以感受到空气中的创造力,并能感觉未来正被创造出来。作为访客,每次你在走廊里遇到这里的员工,都会觉得自己老了。设计师、生产者、战略家、作家、视觉艺术家、社会学家、数字天才、前记者,这些人每天都在此来来往往,寻找创意。其中一些创意会影响人们日常生活的方方面面。

对我们来说,媒体艺术实验室是广告行业关于未来的实验。实际上,它每天都会教我们一些东西。因为苹果要求高水平的整合,这意味着对过去分散的工作进行跨学科和跨部门的整合。苹果坚持其品牌每一次出现和被提及都与创意有关:苹果需要给人以新鲜、创新、新颖等印象。因此,苹果与其客户或潜在客户之间的每一个"接触点"都需要谨慎对待。

瓦尔特·艾萨克森(Walter Isaacson)在为史蒂夫·乔布斯所写的传记中说道,詹姆斯·文森特毋庸置疑是一个罕见的人物,他可以夜以继日地和乔布斯交流。媒体艺术实验室成立一年半后,我问詹姆斯总裁什么事情发生了改变。得到的答案很出人意料。我期待听到的是:把不同背景的人聚集起来是多么困难;拥有不同技能的人之间多缺乏理解;极客与其他人之间的差距;创意人才和投资回报专家之间、媒体策划者和内容生产者之间的差距。但他完全没有谈到这些。他说:"我们在做产品。"他的意思是把所有这些人聚集在一起,不仅仅是为了想出创意,而且是为了做事情。制作包装,制作网站,制作电影、应用程序、报纸内容、事件和展览。为媒体艺术实验室工作的人们现在在客户会议上使用的是产品成品或接近成品。会议上没有 PowerPoint 演示文稿,不会再像过去那样,当广告人滔滔不绝时,客户听到的却只是场无聊的演讲;当客户渴望获得具体创意时,却只看到一张张令人费解的幻灯片。

制作产品

当我们位于洛杉矶的机构独立时,它自称"创意工厂",这个称号一直沿用至今。现在我们不区分创意与其实现，也不区分项目及其执行。我们仍然生产创意，但我们也是工匠，生产产品。

我们为 2010 年在南非举办的世界杯决赛设计了足球。这是自 1970 年世界杯决赛以来，阿迪达斯一直在做的事情。这一次，他们带来了一个合作伙伴。在足球的视觉呈现和实际效果上，我们采用了"11 条线"(Eleven Threads)的设计理念，用 11 条不同颜色的线代表了构成一支球队的不同运动员，他们共同合作使球队取得成功。11 条线也代表了在同一片土地上、同一面旗帜下，南非的 11 个族群及其使用的 11 种官方语言。11 条线、11 种语言、11 名运动员相互支持。我们的设计不仅优雅，还富有深刻的意蕴。

开始从事广告行业的工作时，我根本没想过广告公司有一天会做出这么多实事。那个时候我们是制作广告片和海报。现在我们也建设网站、设计包装、构思内容、创造活动。

针对尼桑，我们在欧洲以外的市场开发了"逍客"汽车游戏(Qashqai Car Games)。路面被设计成一个巨大的类似滑板场的轨道，只不过上面行驶的不是轮滑者，而是 SUV。我们把游戏视频发布在网上，老练的赛车司机展现出令人印象深刻的虚拟特技，驾驶汽车进行漂移。第一季的时候，这些视频的浏览量达到了 1 400 万次。到了第二季，已达到 2 200 万次。"逍客"汽车游戏网站有试用访问和互联网用户评论渠道。"逍客"一词成为欧洲各地交叉车型的通用术语。

Factory | 工厂

2005年,我们推出了"宝路收养行动"(Pedigree Adoption Drive),以鼓励收养流浪狗和建立收容资金。我们在电视上播放视频,发行收养流浪狗的指南,还在纽约时代广场开设了一家商店,以便人们可以当场领养看中的小狗。我们已经募集了数百万美元,成千上万只狗被收养。在电视广告中出现的狗,通常会在广告播放当天就找到主人。人们很难抵御这样的诱惑:画面中一只狗走入镜头的同时,旁白响起"随着时间的流逝,获得我的机会越来越少"!

"逍客"汽车游戏连续播出了两季,"宝路收养行动"也已经持续了六年。我们还参与过一些一次性活动,其中包括两个最著名的娱乐活动,那就是格莱美和奥斯卡。我们为格莱美提名艺术家制作了32个视频,展示每位提名者的职业生涯。我们设计了一种名为"Fan Buzz Visualizer"的工具,它通过互联网收集每一条参考信息,并进行详细梳理,以衡量艺术家的知名度。众望所归,Lady Gaga是2010年最受欢迎的艺人。

对于奥斯卡,我们的宣传活动是根据一些好莱坞著名电影台词所设计的,如莱昂纳多·迪卡普里奥(Leonardo DiCaprio)在《泰坦尼克号》中说的"我是世界之王",或罗伯特·德尼罗(Robert de Niro)在《出租车司机》中的台词:"你是在跟我说话吗?"我们从1936—2005年提名的电影中选出了75句经典台词,用于广告海报、奥斯卡网站和斯派克·李(Spike Lee)的商业广告中。这些都是电影迷念念不忘的台

063

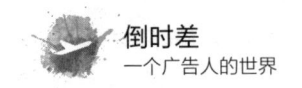

词,它们属于美国文化的一部分。

最近,为了筹集用于抗击艾滋病的资金,我们"杀死"了贾斯汀·汀布莱克(Justin Timberlake)、塞雷娜·威廉姆斯(Serena Williams)、艾丽西亚·凯斯(Alicia Keys)等明星。"贾斯汀·汀布莱克死了""塞雷娜·威廉姆斯死了",这样的话频频出现在广告宣传中。当然,这只是虚构的谋杀。这些明星不再更新脸书或者推特,不再回复博客上粉丝的留言,互联网上不再有关于他们的八卦……为了让自己喜欢的明星"起死回生",我们告诉粉丝,他们必须支付10美元"赎金"。所需的资金筹集好后,粉丝们就可以在互联网上见到自己的偶像"复生"。这次活动通过暂时牺牲虚拟生命挽救了现实生命。

现实效应

这些案例展示了现实生活与网络虚拟生活之间的联系。事实上,在过去几年中,"虚拟"一词的实际意义已经发生了转变。今天,虚拟意味着一种在线的状态,而真实生活中发生的事情,则是指线下,比如说电视上。但情况并不总是如此。电视广告塑造了一个看似封闭、迷人和人造的世界,它脱离了人们的日常生活。这就是为什么在互联网诞生之前,广告经常被描述为超现实的、几近"虚拟"的。

我的目标一直都是将现实渗透到人造的广告世界。多年以来，我经常拿菜维斯（Chevys）举例，这是加州的一家连锁餐厅，只提供新鲜的、非冷冻的食品。为了强调"菜维斯"的不同之处，它的代理商顾拜 & 西尔弗斯坦（Goodby Silverstein）为其制作了大量廉价的一次性广告，并在一天中反复播放。每则广告的片尾用大字体显示着"Fresh TV"。广告是新鲜的，产品也是如此。具体的生产理念使广告所传递的信息得到强化，广告所呈现的真实效果打破了人们的知觉。突然之间，现实渗透到了电视广告世界。"新鲜的电视"让你记忆深刻，使你具体地理解了"新鲜"的含义。

20世纪90年代初，我们建议达能在巴黎市中心建立一家大型精品店，然后安装数十台串联式电视机，就像金融市场交易厅中的电脑屏幕那样。顾客可以在上面观看到世界顶级的讲述食物与健康关系的纪录片。虽然我们并没有意识到，实际上我们提议建立的相当于一个网站原型，一种现实生活中的网站。

大约在同一时间，我提醒地中海俱乐部（Club Med）[①]的管理人员，不能指望人们通过 30 秒的广告完全了解"地中海"。随后，我就制作了一部长达三十分钟的关于地中海俱乐部的纪录片——《村庄》，它告诉人们地中海能提供些什么。然后，又做了一个 30 秒的广告来推广这一纪录片。广告内容强调了一名父亲与妻儿共度一年一度的假期是多么重要。我

[①] 地中海俱乐部是世界上最著名的国际连锁旅游度假机构之一。——译者注

们打算利用这个广告告诉父亲们,在预约地中海的服务之前,购买观看该纪录片,以确保作出最终正确的选择。这次,我们同样是在努力实现今天网站可以做的事情,即尽可能提供更多有用的信息。在达能和地中海的案例中,重要的是确保消息的真实性,确保消息接近现实。

没有哪个应用程序比苹果的更实用了。它们将互联网的虚拟现实带入现实生活。现在,这样的应用程序有成千上万,为人们提供了许多实用的服务。这些应用程序获得了如此巨大的成功,以至于史蒂夫·乔布斯总是把近20年的计算机历史分为3个阶段:电脑与微软时期、互联网与谷歌时期、应用程序与苹果时期。

不久之前,我们为地中海俱乐部开发了一个应用程序,这一程序涵盖了20年前我们所设想到的所有事物。很快,你就可以使用iPhone访问每个"村庄"。你可以通过应用程序进入地中海俱乐部度假村庄,在接待处登记,穿过空地,参观住处。所有这一切只需通过iPhone或iPad就能完成。当你掉转方向,沿原路返回时,图像将旋转360度。每一个细节都清晰可见。位于万里之外的"村庄"的实际面貌都将在你的指尖上呈现出来。

自从我们为苹果提供服务以来,开发尽可能多的iPad/iPhone应用程序就成了再自然不过的事。其中有一款是帮助吸烟者戒烟的应用程序,一旦吸烟者打算点燃香烟,朋友们便会即时在他们的手机上进行劝阻。无论身处何地,应用程序

Music Mapper 都能将你与音乐相连,无论初吻还是求婚,它都有特定的旋律为你准备。Iconist 收集了奢饰品界令人印象深刻的最新照片。Re-View 实时提供全球突发财经新闻内幕。Semi-Precious 提供最新的设计评论。Nivea Sun 根据年龄、皮肤类型和位置评估你需要的防晒霜。英国航空的应用程序允许您将登机牌下载到手机上,并提供最后一刻的升舱服务。在日本,"巨人队数字选拔赛"(Giants Digital Tryout)应用程序可以帮助棒球迷评估用户的投球、击球、奔跑和捕球能力,关键是它还可以帮助用户测试自己与东京球队专业球员的差距,并为其提供如何提升的建议。最后,还有绝对伏特加的应用程序——Drinkspiration,它可以为用户提供 400 多种鸡尾酒配方选择,根据你要找的味道、喜欢的颜色、外面的天气、所处的时间和所在的酒吧等信息进行排序……

我们的跨国公司每年 365 天不间断地推出新的应用程序。应用程序无限扩展了品牌,丰富了它们的内容。

品牌内容

广告行业瞬息万变。我们现在正在制作各种内容。我们公司不断生成纪录片、短片、网络剧集和手机视频等。例如,在温哥华冬奥会期间,我们为 Visa 卡制作了一系列广告片。广告片是关于一些冠军的故事,如美国奥运奖牌得主朱莉娅·曼库索(Julia Mancuso)。在比赛期间,网民点开数字链接就能即刻感受到运动员赛前的焦虑和紧张。事实上,参赛运动员在赛前或赛后能允许我们拍摄几秒赛事花絮,大大提升了这些作品的价值。

也许关于佳得乐(Gatorade)的广告片是我们公司"制造"的最令人叹为观止的内容。CNN将其列为CNN最佳故事之一,福克斯体育购买了版权。现在它已进入第四季。

从1906年算起,被特拉华河分隔两地的宾夕法尼亚州伊斯顿市和新泽西州菲利普斯堡市两个城市,可以说拥有悠久的足球赛史。100多年以来,每一年的感恩节,两队都会举办一场名为"特拉华之叉"(Fork of the Delaware)的球赛。1993年,一场艰苦的比赛以令人沮丧的比分——7∶7而告终。16年后,我们再次召集了这场比赛,同样的球员、教练、裁判员和拉拉队员。高龄球员们重新开始了为期3个月的训练。他们进行了瘦身运动,准备好了所需的一切,还喝了佳得乐。摄制组拍下了这一过程。网民们看到他们一天天、一斤斤地恢复了体型。

2009年4月25日,重新组织的比赛在一个拥挤的,拥有2万个座席的体育场内举行。门票在90分钟内就在互联网上售罄,其中一些售价非常高。300多个有线电视台对此次赛事进行了报道。几个月后,福克斯体育采纳了由佳得乐赞助重演老比赛这一想法。在第二季,我们组织了一场曲棍球比赛,第三季是一场棒球比赛……广告业人士的圣经——《疯传》(Contagious)写道:"在过去几年中,许多品牌生产出了高质量的内容,但是佳得乐的策划是独一无二的,因为它创造了一个真正的事件,并且获得了超高的收视率。"现实生活对于广告的影响再一次加深了。

  我们已经进入了这样一个时代,编辑团队越来越急于使新闻节目娱乐化,恨不得每时每刻都要让人叹为观止。只需观看 CNN 几分钟,你便会了解信息与娱乐的差别越来越小。持续更新的重大新闻事件标题如同连续剧一般,如"沙漠风暴""阿拉伯之春""愤怒星球"等。观众像追肥皂剧一样一天天地跟进。相应地,像莱维斯和佳得乐这样的公司已经复制了媒体的行为方式,并称其为"新鲜电视"或"重赛"。我们不再制作口号式的广告,而是将设计的事件起上有吸引力的标题,呈现给电视机前的观众,诸如"逍客汽车游戏""绝对猛男"(Absolut Hunk)和"宝路收养行动"此类。

  现在,情况发生了变化,品牌已成为发布者。但有一件事情是不变的,那就是写作的品质是有差异的。我们继续寻找准确的词汇、精巧的短语。我们创作了一些精彩的作品和令人惊艳的标题,并汇编成了广告选集。当我们制作广告片时,建立网站时,制作简短的节目时,我们必须保持对写作的敬畏之心,对专业的热爱之情。许多人将我们的工作称为一个行业,因而,它必须保有相应的技能。

Global ｜ 世界新格局

　　距离1981年5月22日已经20多年了。法国前总统弗朗索瓦·密特朗在那时创建了一个新的政府部门——"休闲部"。

　　鉴于当前法国的高失业率、经济恐慌和危机，创建"休闲部"这一举动听起来似乎有些不可思议。密特朗是一个乌托邦主义者吗？或者这仅仅是他的一种盲目构想？人们会有这些疑问。但在当时，世界确实即将进入一个娱乐休闲的新时代。那时，至少每个法国人，都认为这是一个伟大的想法。在人们看来，西方国家刚刚经历过长达三十几年的稳定增长，而且没有任何迹象表明这种稳定会有所恶化，将来一代人的生活水准也必定会提升，不断提高的生产率又会缩短人们的工作时间。在一个高度集权的国家，比如像我所在的法国，政府试图插手管理社会生活每个领域的事务，即使是非工作时段。因此，我们确实需要组建一个相应的政府部门。

欧洲落伍了

在随后的 30 年,中国人、印度人以及巴西人的工作时间远远超过我们。虽然法国的生产效率在世界上属一流水准,但我们工作时长不足。与当前的新兴国家相比,法国正在变得越来越缺乏竞争力。历届政府都沦为幻觉的受害者,法国已经与世界其他地区的发展步伐脱节了。诺贝尔经济学奖获得者约瑟夫·斯蒂格利茨(Joseph Stiglitz)指出:"如果我们不强化改革,我们将会陷入国富民穷的危机之中。"

直到最近,法国还拥有许多王牌。它的国民生产总值排名世界第五,出口额排名世界第四。经济一直很繁荣,也取得了许多鲜为人知的成就,例如,法国曾经是世界排名第一的人均数字服务出口国。直到现在,法国手中仍然掌握着大量王牌:世界前 500 强的公司中,39 家是法国企业;在国际品牌方面,法国主要国际品牌的累积价值位居世界第四。同时,全球领先的市场调研公司明略行公司(Millward Brown)指出,世界上发展势头最好的前 10 个品牌中,4 个都是法国企业。

我们再来探讨"休闲部"的相关情况。大约在 1983 年左右,情势开始恶化,法国的失业率突然上升,"休闲部"被迫撤销。

法国是一个中等大小的国家,因此,它只能随着欧洲的整体发展而发展。与此同时,从各方面来看,欧洲又拥有自己的

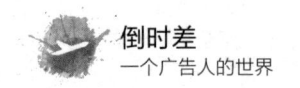

发展优势。欧洲没有严重的外部失衡状况，与世界上其他地区相比，它能以更短的时间与更少的能源消耗生产出更多的产品。欧元使得欧洲能够充分利用其内部这一世界最大的市场。但是，长久以来，欧洲似乎都处于一种尴尬、分裂和漂浮不定的状态，这种情况在当前金融危机的背景中越发明显。

在我这代人看来，欧洲错过了一个很好的历史机遇。1973年，欧洲犯了一个重大的历史错误。由于受到传统的反德思想误导，前法国总统乔治·蓬皮杜（Georges Pompidou）尽其所能去加快英国融入欧盟的步伐，以借此制衡德国的影响。而早在1957年，奠基者们所创立的欧盟仅有6个核心国家。他们认为这是一个渐进的过程，首先是经济联合，然后是政治联盟。但是，英国把所谓的欧洲共同体仅视为一个自由贸易区。40多年以来，欧盟除了阻碍财政、社会和政治联盟的步伐外一无所成。

20世纪七八十年代，一条更好的路径促使6个原始缔约国更快地走向联盟。申请国必须修改它们的制度，完善社会与经济政策，以适应更为严格的准入标准。随后，欧盟扩张的节奏逐渐变得不可控制。现在，欧洲几乎很少有人知道欧盟到底有多少成员国。答案是27个。在欧盟内部，每作出一个重要决定，都必须建立在全体成员国一致通过的基础上。一直以来我并不反对斯洛伐克，但是，去年斯洛伐克阻止对希腊进行金融援助长达几周时间，这一度把整个欧盟推向金融灾难的边缘。我相信，这不是50年代欧盟奠基者们所想要看到的结果。他们当时的愿景,其后通过夏尔·戴高乐(Charles De Gaulle)和康拉德·阿登纳(Konrad Adenauer)两人之间的深厚友谊,也曾一度得到了巩固。

我们已经浪费了几十年,时间也从来没有显得如此弥足珍贵。德法两国都能接受的,并且对于主权债务危机而言不充分,却是唯一的方案,就是修改《欧盟条约》。由于一些小国家不会轻易放弃它们所看重的共同一致原则,因此对《欧盟条约》进行修改的工作可能需要花费几个月,甚至是几年的时间。修改《欧盟条约》是一项长期愿景,与当前所需解决方案的紧迫性无关。欧洲开始意识到,时间已经很紧迫了。

同时,世界其他地区的形势变化得越来越快。"金砖四国"现在正面临着来自"新钻十一国"的竞争压力。"新钻十一国"包括韩国、尼日利亚、墨西哥、南非、越南、印度尼西亚等十一国。过去,欧洲人没能把握住全球化所能拓展的范围及利害。现在,他们虽然理解了全球化的含义,但却低估了全球化的速度。欧洲正徘徊不前。

不可抑制的增长

与 20 世纪 80 年代关于地球村的主流认识相矛盾的是,全球化并不像人们所说的那样,是一种单纯的标准化与统一的过程。实际上,全球化包含着一系列相互矛盾的趋势、脆弱的平衡、不对称的风险和模糊的威胁,而且这些情况日益普遍起来。人们对于未来可能呈现的状态充满了惊讶与不解。我们感觉自己正在丧失理解世界和控制世界的能力。哲学家皮埃尔·玛南(Pierre Manent)说:"人类灵魂从自己内部失去了信心。"像我们这些一直对自己的优秀理解力感到自豪的国家,受挫感尤其强烈。全球化快速的步伐被强加到我们身上。对此我们别无选择。至于当前的经济衰退,将会触发更深层次的、根深蒂固的、前所未有的危机,虽然早在1918年,奥斯瓦尔德·斯宾格勒(Oswald Spengler)就在他所著的《西方的衰落》(Decline of the West)对此作出了预测。一个残酷的现实就是:一种新的地缘政治正在兴起,世界已行至转折点。

《费加罗日报》(Le Figaro)在对韩国三星电子公司首席执行官的一次访问中,对东亚的经济发展作了一个预测。《费加罗日报》问道:"你们公司每年的营业收入高达1 000亿欧元,那么到2020年将会达到多少呢?"回答是"4 000亿欧元"。

1 500亿欧元,甚至2 000亿欧元,听起来似乎更合理些。

对于任何行业的公司来说,在10年内实现收益翻倍都是非常可观的。但是4倍呢?三星可能实现,也可能无法实现。一个关键的事实是,亚洲企业领导人给他们自己设定的目标往往会高于西方高管所设定的目标。有些企业可能会成功,有些却无法成功。这些足以吸引整个国家的承包商群体,更不用说竞争对手了。

另外一个例子来自比亚迪公司(BYD)。比亚迪是一家生产手机电池的中国企业。仅仅几年,比亚迪的产品就占据了

30％的市场份额,成为该领域的领导者。比亚迪的首席执行官决定实施产品多样化的公司战略,建立一家垂直整合公司。作为一家锂电池的生产商,其首席执行官选择大规模投资电动引擎领域。他的初步计划是,最早到2015年,比亚迪要成为中国电动汽车的领头羊,到2020年成为中国最大的汽车制造商,然后到2025年成为世界汽车制造行业的领导者。比亚迪能够成功吗？也许不能。但是,到目前为止,汽车制造行业的各大玩家都对比亚迪的宏伟计划留下了深刻的印象。沃伦·巴菲特(Warren Buffet)已经持有了该公司10％的股份。

在中国,每个领域的发展都非常迅速。以汽车行业为例,中国已经成为全球最大的汽车消费市场。2010年,仅大北京地区的汽车销售量就超过了整个英国。中国政府实施了一项名为"清洁能源汽车工程"的宏伟计划。该项计划是,到2020年,中国将生产500万辆电动汽车。这将使中国成为这一新型产业领域的领头羊,同时也会给中国创造更多的利润来源。

大型亚洲企业不仅仅是在规划未来的产品,也正在挤压着西方企业的发展空间。自从联想收购了IBM的个人电脑业务、印度塔塔集团(Tata)收购了捷豹和路虎之后,事实清晰地表明,亚洲企业已开始征服世界。过不了多久,我们不但可以看到南—北国家之间的并购,也会看到南—南国家之间的巨大交易和大规模并购活动,而这一切与西方企业或者大型日企均无关系。印度和中国的企业不再单纯满足亚洲和南美中产阶级的消费市场,也将会生产高附加值的商品,以更具竞争力的价格与西方的企业展开竞争。随着西方国家购买能力的停滞或下降，它们的商品将会吸引西方的消费者。它们也开始接触我们的跨国广告公司，学习如何通过销售"中国创造"（而不仅是"中国制造"）的产品来征服世界。

在中国的历史上，2010年是具有里程碑意义的一年。在这一年，中国超过日本成为世界第二大经济体。自中国实行改革以来，其经济实力增长了百倍。现在，世界十大顶尖的股票市值公司中，有4个是中国公司。

一位说话直爽的经济学家在总结关于中国未来发展的一系列问题时，概括性地指出："他们将未富先老。"能与美国竞争固然很好，但是如果想要赢得这场竞赛，中国需要建立一套稳定的社会机制。而它未能完全开放将会加大其中的困难。中国的问题与这个国家本身一样大。中国实行独生子女政策，因此他们没有足够的资金来支撑社会养老事业。与日本相比，中国目前的工资水平依然很低。近十年它的快速发展主要依靠大规模鼓励出口的政策。现在这种政策需要废除，至少需要部分改变，以扩大国内的需求。此外，中国的贫富分化也较为严重。在一些大城市，人们的生活水平已逐渐接近西方国家，其他地区则没有跟上发展步伐。我们公司的国际业务负责人凯斯·史密斯（Keith Smith）最近告诉我："你的确应该把中国看成是欧洲与非洲的结合体。"

尽管如此，据普华永道（Pricewaterhouse）预测，中国如果能够成功克服发展道路上的障碍，到2030年其国民生产总值

Global | 世界新格局

将超过美国。中国如果能成功加快提升内需增长的速度,与此同时,能不只照搬西方国家的技术,而是开始注重自己的原创发明,它就能够实现这一目标。然而,就后者而言,中国并非像我们想象中的那么落后,而是正好相反。数据统计机构——欧洲统计局分析了每个国家在全球高新科技出口总额中所占的比重发现,中国早在2003年就超过了日本,2006年超过了欧洲,2007年又超过了美国,这一情况可能会使我们大吃一惊。

中国已成为世界上首屈一指的工业强国、世界上第一大出口国和世界上最大的能源消费国。他们的研究室和公司注册的专利比任何国家都要多。中国也成为众多科研人员和工程师的聚集地。2011年,香港和上海证交所上市的公司,比伦敦和纽约两地的总和还要多。中国领先的领域正在持续不断地增加,甚至是一些我们意想不到的领域,比如艺术拍卖行,现在香港艺术拍卖行的业务比佳士得拍卖行或苏士比拍卖行都多。

这看似是中国的快速崛起,但实际上,这更像是一次复兴。在19世纪末期,中国的经济总量是日本的两倍。与此类似,让人有些惊讶的是,南美的经济规模与北美是一样的。追赶将带来复兴。"复兴"这个词过去用于描述15世纪的欧洲,现在它则被用来描绘正在复兴的亚洲。全球化的浪潮使那些曾经在殖民时期遭受挫折的国家得以重新回到正常的发展轨道。这个过程将涉及对过去历史的重新审视以及对未来的规

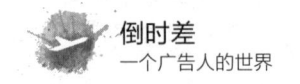

划，以此构建即将到来的新文明的基础。中国认为他们曾经创造了举世闻名的、世界上最伟大的文明之一。中国曾被称为"中央帝国"，然而现在，它不再希望自己仅处于地理上的中心位置，而把自己看作是一个不断扩大的文明影响圈，正在逐步辐射至世界上的其他地区。

如果印度能够加快自己的变革步伐，它将很快可以和中国展开竞争。印度每年的平均经济增长率在7%左右。对于西方国家来说，这一增长速度听起来已经很快了，但实际上还是不够的。印度政府声称，印度如果要逐步降低国内最贫困居民的贫困水平，至少需要保持两位数的增长速度。

和中国一样，印度也存在两极分化。在印度，或多或少存在特权地区和特权群体。但与中国不同，两个群体之间的断层形成了保守派与现代派的对立。

印度大多数的居民与外部世界是相互隔绝的。与此同时，印度的企业却遍布全球。米塔尔钢铁公司(Mittal)赢得了与竞争对手阿赛洛钢铁公司(Arcelor)之间的竞争；塔塔推出了有史以来最便宜的汽车；印孚瑟斯(Infosys)在与西方IT行业领导企业的竞争过程中日益赢得对手的市场份额；从各方面来看，班加罗尔都对硅谷形成了威胁。全球化的浪潮给印度企业带来了意想不到的机遇。然而，许多印度人对印度的全球征服计划抱着质疑的态度。一些评论员和企业高层正在为孤立主义进行辩护。他们声称，印度的价值是永恒的，而世界其他地区则是次要的。

《印度金融时报》(*Financial Times India*)通过发起一项以赞扬开放和鼓励经济发展为主要内容的活动对上述言论作出回应。这项活动的名称为"正逢其时"(The Time Is Now)。这项活动邀请了宝莱坞著名影星为其代言,阿穆布·巴克强(Amitabh Bachchan)就是其中一位。他模仿鲁德亚德·吉卜林(Rudyard Kipling)的模样进行了一次两分钟的动人演讲,这个演讲是一首40行的歌颂印度的颂词。他在表演中说道:"一部分印度人对我们的信仰积极乐观,另一部分印度人则对我们的思想充满怀疑。"他谈到一个新兴的,充满生气、极具活力的印度正在崛起。相比于被失败的恐惧所困扰,印度人更专注于成功。他解释说,印度不再抵制国外产品,相反,印度会去收购生产这些产品的外国企业。他又评论道,当历史到了转折点的时候,它从来不会提醒我们。最后他总结道:"这是一个宝贵的时刻,历史正在翻开新的篇章。"

阿穆布·巴克强时而低声细语,时而高谈阔论,以一种高难度的"混搭"风格发表了这次演讲。在他看来,印度正在通往成功的道路上。这种自信实际上使其成功的概率以指数的形式迅速增加。

文化间的对话

那非洲的状况如何呢?半数的非洲居民仍然生活在贫困线以下。虽然这块大陆曾经看起来那么令人绝望,但现在不断出现了让人欣喜的局面。非洲的许多统计指标、比例和指数等表明，非洲大陆的情况正在朝好的方向转变。自后殖民时代到来的初期，非洲的形势日趋恶化。非洲各国独立时期，国内状况已经非常困难，在1980—2000年的几十年更是惨不忍睹。人们对于非洲的刻板印象就是与这段时期有关，对非洲的预设与偏见也是如此。很少有人知道，从2000年开始，非洲地区经济发展的速度已经是其人口增长速度的两倍，这就意味着非洲人口的规模不再是一个发展障碍，相反是一个意想不到的优势：非洲是一个广袤的地方，而且人口密度很低。

具有法国与几内亚血统的投资银行家莱昂内尔·津苏(Lionel Zinsou)也赞成上述说法。他拥有高级经济学博士学位，曾对非洲的发展转折点问题发表过一番言论。有一段时间，他管理着法国跨国企业达能公司的一个分支机构。他分析说，非洲地区国民生产总值在过去8年已经增加了2倍，这表明非洲现在正处于彻底变革的边缘。莱昂内尔·津苏说，继中国和印度之后，非洲将成为新的世界工厂。他还特别强调了一个不太为人所知的事实，非洲的金融统计数据也出现了令人鼓舞的走势：非洲地区的通胀率极低，几乎为零。同时，当地货币正在走强，政府的财政预算也出现了盈余。其中一个表现就是，非洲中央银行的保险柜中已经累积起了高达5 000亿美元价值的外汇储备，这占据了其43%的国民生产总值。仅仅6年的时间，非洲就偿还了债务，几乎没有其他大陆出现过这样的壮举。一个没有债务的大陆就是一个自由的大陆。

但是，非洲仍然有一项重任，那就是非洲国家需要重新恢复自己的身份地位。非洲各国需要复兴它们自己的文化，同时革除统治阶级滥用公共资金的恶习。乌斯曼·索乌（Ousmane Sow）是非洲著名的雕刻家，他曾经在纽约的古根海姆举办过个人作品展。我妻子玛丽-维吉妮（Marie-Virginie）也是个雕刻家。画家善于掌控光线，而雕刻家则善于捕捉动作。乌斯曼在玛丽-维吉妮的作品中看到了这种天赋。我们夫妻俩时常与他见面。上次见面是在达喀尔，乌斯曼给我们讲述了一件令他很难过的事。塞内加尔总统阿卜杜拉耶·韦德（Abdoulaye Wade）为了纪念非洲的复兴，在达喀尔的海岸海角建了一座纪念碑。这座纪念碑高100英尺，雕刻着一个男人、一个女人和一个孩子，三个人凝视着远方的地平线。这种作品简直糟糕到了极点。

乌斯曼·索乌提供了一个替代性的方案：修建一条从大西洋海岸延伸而出的隧道，在隧道中放置几十个用他独特风格雕刻而成的泥塑。这项设计意寓着从美国回到故乡的奴隶群体。这比那个作品更有意义，而且更加美观。他也曾经提议在美国东海岸修建一条对应的隧道，隧道陷入大海，但奴隶塑像不是从隧道中向外走出，而是进入隧道。这两个分处大西洋两岸的壮观纪念碑，实际上是一个纪念碑：一个横跨大西洋的雕塑。它不仅是非洲重生的象征，而且是由美国赞助的。我们错失了这一作品。现在,这个作品已然存在于人们的心中,但在现实世界的博物馆却留下一片空白。

乌斯曼·索乌作为雕刻家的职业生涯开始于莱奥波尔德·桑戈尔(Leopold Senghor)任塞内加尔总统时期。莱奥波尔德·桑戈尔是当时世界上最具开放思想的人之一。他毕业于法国最著名的文学和哲学学院,"世界公民"一词就是他创造出来的。他也许是历史上被选举为总统的,最有修养、受教育程度最高的政治家。早在1977年,他就阐述了关于文明碰撞的愿景。他认为,国家间的会晤——全球化,不仅仅是市场的副产品,并且也是新人文主义的催化剂。桑戈尔列举了许多文化融合实例,其中我记得有一个特别的例子,是分析关于日本和非洲诗词之间密切关系的。他指出,塞内加尔的诗歌和日本的俳句有相近的、低关联度的审美取向。他在达喀尔和日本驻塞内加尔大使交换了看法。难以置信的是,日本大使由此开始在塞内加尔组织日本俳句大赛了。

桑戈尔最著名的作品是《文明间的对话》(*Dialogue Between Cultures*),这部作品就像全球化世界来临之际的祷告。

Hostile-takeover｜恶意收购

鹰击(Hawk Strike)和快吞(Swift Bite)是 BDDP 曾经收购过的两家公司。

1984 年,我们心怀建立全球业务网络的雄心在巴黎成立了一家广告公司——BDDP。1989 年,自 6 个世纪前的英法百年战争后,我们又书写了新的篇章,启动了对在英国广告业中处于领先地位的 BPM 公司的恶意收购。"这个举动英勇但又愚蠢",当时的评论家如是说道。他们认为,如果我们竞购成功,最优秀的管理人员将离开这家公司,并带走他们的客户。在过去,大众普遍所接受的观点是恶意收购一家服务公司是不会成功的。

但是,有一个方法可以让我们成功,就是在最初的几周内,把公司内部舆论从恶意收购转换成善意收购。这也成为我们当时的目标。WPP 集团的马丁·索瑞尔(Martin Sorrell)在这一方式上已经开了先例。当大卫·奥格威(David

Ogilvy)听说自己30年前亲手创建的奥美公司(Ogilvy & Mather)即将陷入被WPP吞并的危机时,他将马丁·索瑞尔称为"一个可恶的人"。尽管如此,几个星期后,大卫·奥格威仍接受了新公司总裁的职位。但这是否意味着英国人将接受法国人对他们的所作所为,正如他们曾对美国人所做的一样?

青蛙[①],走开

英国广告业曾借助创意获得了爆发式的发展。一位英国记者甚至很有胆识地把伦敦称作"广告业的雅典"。雷德利·斯科特(Ridley Scott)、休·哈德逊(Hugh Hudson)和艾伦·帕克(Alan Parker)曾是英国广告业的王者,而BPM是当时最杰出的广告公司之一。我们和BPM会谈过几次,并坚信我们两家公司在合并后一定会成为最优秀的国际广告公司之一。BPM一小部分业务来自其在旧金山设立的一家著名广告公司,由杰夫·古德拜(Jeff Goodby)负责运营。它旗下的纽约子公司也是当地最具有创造力的广告公司,并和我们共享宝马这个客户。从理论上讲,这次合作是很合理的,但可以预测BPM和我们都不会同意放弃合并后公司的控制权。尽管如此,我们仍然觉得兼并这个想法行得通。我们决定进行收购,

---

[①] Frog(青蛙)是英国人对法国人的蔑称,传说是因为法国人喜欢吃青蛙腿。——译者注

在这种情况下,它只能被认为是恶意的。

相关规定要求,在开标和结束竞标之间必须有 40 天的时间。不管结果如何,这段时间总会上演真正的战争。我们出现了一些重大失误,其中之一是忘记核查用于投标的空壳公司的名字。根据英国法律中关于收购的规定,买家在不申明其意图的情况下,至多能购买 4.99% 的公司股份。但是谣言总会影响行为。人们最终会发现是谁在进行收购,这也是买家为了尽可能久地保持匿名,会利用空壳公司(已经存在但是并没有实际业务的公司)进行收购的原因。我们买了两个空壳公司,它们适时进入股市,并且快速吃进了 BPM 的股份。所有的事情都进展得非常迅速。可是我们的律师却忘记告知我们空壳公司的名字。两周之后,在投标进入全力冲刺阶段时,我们才意识到这一点。这两家空壳公司叫"鹰击"和"快吞"。与此同时,记者、市场和 BPM 所有高层都发现了这一点。恰好那时我们正努力使他们相信我们的意图是出于善意的。

吃青蛙的法国人一口吞进一家英国公司,成何体统?所有的回应都是一句致命的"青蛙,走开!"。

在英国,竞购过程中侮辱你的对手司空见惯。一则电台广告宣称我们是"呼吸中带有大蒜和烈酒臭气的落魄的拿破仑"。我们在 BPM 子公司的一间办公室参加了一个秘密会议,虽然攻击者和捍卫者本不应该会面。当时,10 位 BPM 的领导坐成半圈。他们让我们找位子坐下,然后说"合作取消",

085

接着便起身离开。约翰·韦伯斯特（John Webster）大概是当时英国最好的广告文案撰写人。我至今仍然记得他离开房间时向我们投来的高傲的眼神。

我们仍然在坚持。几周之后，怀有敌意的报道在英国媒体中减弱了，有利于我们公司的报道和证实我们战略可靠性的评论开始到处出现。随后，《金融时报》（*Financial Times*）甚至赞扬我们是"有远大抱负的小广告公司"。然而，在决定命运的40天最终期限到来的前几天，也就是我们即将取得胜利的时候，一位"白衣骑士"出现了，翩翩而至拯救了我们的英国"受害者"。没错，我们输给了奥姆尼康（Omnicom）公司。

法国人在美国

就是这一次，远在纽约的玛丽·韦尔斯（Mary Wells）第一次听说我们。她的广告公司韦尔斯·里奇·格林（Wells Rich Greene）诞生于比尔·伯恩巴克（Bill Bernbach）在20世纪60年代发起的创意革命中。它在几年内得到了大规模的扩张，并雇用了500名员工，论规模是当时纽约第三大广告公司。一年后，我们收购了这家公司，也给自己背上了巨额债务。我们认为，这次收购会让我们在世界舞台上占有一席之地，也会为赢得重要的国际客户开辟道路。

但实际情况与此大相径庭。我们无法承担这笔远远超出自身偿还能力的负债。因此，兼并韦尔斯公司也意味着

BDDP 的所有冒险活动都宣告停止。几乎可以说，我们失去了曾经拥有的一切。

1998 年，BDDP 有幸加入奥姆尼康，并与 TBWA 广告公司合并。奥姆尼康由约翰·雷恩(John Wren)掌管，不同于其他控股公司爱冒险的竞争对手，他更倾向于由内到外的发展战略。这是非常明智的，他的公司因而发展得越来越稳固。但是，他也没有停止精挑细选一些战略性的收购项目。

到最近为止，BDDP 一直为奥姆尼康贡献了比其他广告公司更多的外部增长，这也成为命运的转折。我们在收购 BPM 和兼并韦尔斯公司两个项目上的失利对奥姆尼康来说非常有利。在我们恶意投标后，正如我前文所说，奥姆尼康成功将英国市场的领头羊及其堪称全球最佳的洛杉矶广告分公司纳入旗下。在我们兼并韦尔斯公司后，奥姆尼康将 BDDP 和 TBWA 合并。TBWA 是奥姆尼康旗下三大广告代理商中最晚成立的广告公司，因而此次兼并给 TBWA 提供了原本缺少的关键内容。

这一系列事件引发的一个结果是，在几年之内我被任命管理 TBWA。管理一个美国公司对任何法国人而言都是一大挑战。英语国家的人们在广告界是占支配地位的。或许我是一个有经验的专业人士，但还是会感到不自在。不知何故，我感觉自己仿佛进入了一个并不属于我的世界。

我们错在认为两者同属西方世界，认为美国文化和欧洲文化是相近的。也许从表面上看，它们的很多看法确实很匹配。但是，在表层之下，两者还是截然不同的。正如前美国驻法大使费利克斯·罗哈廷（Felix Rohatyn）曾说过的那样："我本以为我们的文化相同，而利益不同，但事实上恰恰相反。我们的利益相同，但是文化是截然不同的。"

合资企业

几年前，我遇到了一个对美国商业文化很熟悉的亚洲政治家，并和他讨论了恶意收购的问题。他告诉我，他是根据美国企业管理的方法来治理他的国家的。这个人就是新加坡国父李光耀。

当李光耀与马来西亚痛苦地决裂时，他发现自己管理的是一座没有未来的城市。接下来的故事众所周知，在两代人的时间内，新加坡取得了举世瞩目的成功，现在它已经成为全世界最好的首都之一。李光耀还撰写了《从第三世界到第一世界》（*From Third World to First*）。46年的独裁家长制使新加坡这个狭小的东南亚岛屿国家成为全球生活水平最高的地区之一。在访问新加坡之后，邓小平于1978年实行了深刻改变中国的改革开放政策，如此看来就不足为奇了。

李光耀用铁腕方式来管理新加坡，把整个国家看作是一个私营公司。2009年春天，我应邀采访他。我们讨论了国家管理和公司管理的相似之处，我提出的第一个问题是："在何种意义上可以把新加坡看作是一个品牌？"

这次采访的影响超过了第一届"世界艾菲节"(World Effies)。"世界艾菲节"旨在表彰最有成效的广告宣传活动。艾菲节的负责人们坚持认为除了纽约以外,还应在其他地区举办该活动。他们选择了新加坡。新加坡以东道主的身份接待了来自世界各地的广告商代表,并组织了为期2天的演讲和庆祝活动。李光耀也应邀参加。在广告节的闭幕式上,在1 000名观众面前采访李光耀成为那一周的重头戏。我知道前总理是备受尊敬的,但是并没有完全意识到这份崇拜的持久度。走进大厅时,他受到了无比热烈的欢迎,非常让人震撼。接下来便是一系列的问答环节。尽管当时已经80多岁,但是他作为"内阁资政"(他的官方头衔)的头脑仍然非常敏锐。

我突然想到一个之前未给他看过,可能会让他觉得不适甚至是有些无礼的问题。"尊敬的内阁资政,您刚才花了一个小时把您的国家比喻成一个公司,也讨论了它杰出的发展成果。但是正如您所知,公司有两种扩张途径,内部扩张和外部扩张。如果您可以收购一个国家,您会作何选择?"

李光耀沉默了。观众显得有些尴尬。在短暂的停顿之后,李光耀同意回答。他的双眼闪闪发光,观众也松了口气。他给出了一个候选名单。首先是马来西亚,他表示新加坡是在和马来西亚痛苦的分离中诞生的,他觉得邻邦国家马来西亚并不会同意这个交易。在谈起菲律宾时,他表示混乱的菲律宾并不符合他井然有序的管理模式。他逐一谈到了中南半

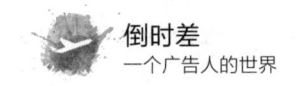

岛地区的国家。我无法回忆起他的所有评论。但我关注到,当他随后提到泰国时,他表示泰国作为该地区唯一保持独立的国家是几乎没有可能同意被接管的。李光耀的回答诸如此类。

"一个理想的国家应该有一点空间,新加坡就过于拥挤和紧凑。从经济学的角度来看,新加坡目前已越过临界点,开始取得一些进步。相比于矫正经济发展中的错误,我们更擅长加快经济发展的速度。"他补充道,"正如你所知,人们把我看成一个独裁者。所以我并不认为恶意收购会成功。相对于收购而言,我更喜欢合资,就是这样,我想我会更倾向于和越南进行合资。"

他笑了笑,非常确定他的答案,之后我们又回到了原来讨论的常规话题之中。李光耀是对的。恶意收购,至少在服务业,很少会成功。"攻击者"不是被"白衣骑士"阻挠而最终收购失败,就是在收购成功之后发现自己面临着一个无法完成的任务——不得不强行完成一个负伤公司和一个好斗公司的联姻。只有一点是肯定的,受到攻击的公司将失去独立性。一旦启动收购,员工就知道公司董事会将经历动荡起伏,公司在未来并不会朝着经理人和创始人预想的那样发展。

马丁·宝萨是BMP中的B所指代的人。在我们发起恶意收购多年之后,我在伦敦邀请他共进午餐,想弥补当年的错误。事后,我才意识到对一家世界顶尖广告公司进行恶意收购是无法被原谅的。我们不应该如此。这是亵渎神灵的罪恶。

马丁刚坐下就建议我们不要再谈当年恶意收购的事情。我们聊了很多。现在我会这样描述他：他有着绅士般的自我控制力。在我们所有的对垒中，他从来没有丢失过那份自然流露的优雅气质。就像英国人说的："优雅是在压力之下仍不失风度。"

Ideas｜创意

"创意是人们强烈渴望去记住的东西。"

这句话出自菲利普·米歇尔(Philippe Michel)之口。他在法国担任BBDO的董事长已有20年之久,至今仍是法国广告界最具影响力的创意人。菲利普的格言也是我的座右铭。我喜欢让渴望侵入大脑记忆。对一个品牌的渴望和对捕获创意的渴望往往是紧密相连的,前者是后者的产物。

品牌和创意不可分割,没有创意的品牌是没有生命力的。创意和产品服务对于衡量一个品牌而言同样重要。产品和服务通常被用来支持其创意。

我有3个同事都写过关于创意的书。菲利普·米歇尔在其去世后出版的一本书中提出了一个问题,这个问题也成为其书名,即《什么是创意?》(What's the Idea?)。在这本书的研究中,他用了所谓人类学的方法。TBWA(法国)的总裁尼古拉斯·博尔达(Nicolas Bordas)在《金点子》(The Killer Idea)

一书中对这一概念进行了符号学分析。我们公司全球创意总监约翰·亨特曾在故乡南非写了不少成功的书和戏剧,其《创意的艺术》(*The Art of the Idea*)一书侧重于阐述创意人才的心理和创意买家的心理,这里说的创意买家也就是广告主。

上述3本书有一个共同点。作者一开始都是先将"创意"作为一个广告概念进行讨论,然后再继续讨论"创意"这一概念本身。根据他们的著述,我们提出的用于推广品牌的商业创意,让我们可以洞察其他各种各样的创意。广告和传播学领域研究的是创意如何产生和传播。广告是基本素材,通过它可以评判一般的创意思想。

虽然有一定程度的相似性,这3本书仍颇具启发性,其中有不少表述字字珠玑。尼古拉斯·博尔达提到:"我们总是用观看快照的方式审视创意,其实应该用看电影的方式看待创意。它们有开头、过程和结尾,创意的影响力可以通过它的活力和它留下的痕迹来评估。"约翰·亨特表示:"大多数伟大的创意是从零碎的小事情中得来。"菲利普·米歇尔补充道:"是观念创造了这个世界,而不是反之。"

广告创意、营销创意、活动创意,你可能很快便开始思考业界过度使用了"创意"这个词。你开始思考广告从业者已经闯入了非商业性的世界,盗用了"创意"一词,并歪曲了它的含义。但是也没有其他更好的词汇能描述我们的工作。我们需要钻研创意,我们始终在监测那些能为品牌推广创造一个有利开端的创意。对我们而言,这是一件生死攸关的大事。呈

倒时差
一个广告人的世界

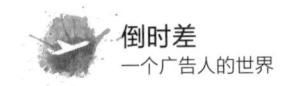

指数增长的信息争夺着我们的注意力,产生了巨大的噪音和干扰。能够从喧嚣中脱颖而出的事物变得寥寥无几。长期以来,广告人都认为,他们所要做的就是一遍又一遍地重复那些常规信息,这样一来,迟早人们会听到他们说的话。一连几个星期,广告宣传如同重复的独白一般。然而,这样的日子已经一去不复返了。人们对这种广告策略产生了免疫力。互联网提供了无数的逃避路径。如今,对于广告人来说,唯一的方法是赋予品牌一个强有力的创意,以使客户能积极主动地接受它们。

品牌创意

在广告界,创意的概念实际上是从电视广告出现开始的。在此之前的印刷时代,广告由文案撰写人所决定。他们通过广告语和标题的质量来评价创意,就像人们根据头条来判断一个记者一样。广告语一旦被写出,就会被送往工作室,由版面设计师进行处理。在最终的印刷版面出来以前,文案撰写者将不会再看到自己的作品。那时的广告语极少是基于创意而产生的。广告的力量源于写作当中,通常会出现双关、头韵和矛盾等表达手法。如果广告中真的包含创意,那也是偶然现象。只有语言是至关重要的,图像(我们经常称之为视觉要素)只是用来说明文字。后来电视出现了,简洁成为优选。其技巧是在有限的时间内解释清楚一则信息。30 秒的插播广告取代了印刷版面。时间才是真正重要的,而非空间。杰出的文案写作者幻想着杂志读者会花大量时间停留在他们的广告上。我对此并不非常确定,但是电视观众绝不会在广告上停留,电视广告必须基于能够激起人们想象的创意,即我们所说的"引人注目的创意"。

正如大家所知,广告创意伴随着电视的出现而诞生。它们也会随着时间而演变,并且呈现出众多不同的形式。我把广告创意的演进划分为三个阶段。在初始阶段,广告从业者只是在寻求广告电影创意:为了证明一个平底锅在高温条件下耐热,就把它放在煤气灶上,里面放上竞争者的平底锅,最后竞争者的平底锅熔化了。这种展示并不具有吸引力。这种类型的广告会使人们留下深刻的印象,却无法由此衍生出新的广告模式。我的意思是它不包含更大的广告创意。这是我们业内所说的"一次性广告"。20世纪70年代的大部分商业广告应被归为此类。下一个阶段就不得不提起电视系列广告这一概念。这个伟大的创意激发了一系列不同的广告。我记得胡椒博士饮料的"最容易被误解的软饮料"(The Most Misunderstood Soft Drink),美乐啤酒的"你能从啤酒中获得的一切这里都有,只是量少一点"(Everything You Always Wanted From a Beer. And Less),联邦快递的"次晨达"(When It Absolutely, Positively Has to Be There Overnight)。一个好的广告会持续好几年,一个杰出的广告会延续几十年。

第三阶段,在广告电影创意、电视宣传创意之后,我们又有了品牌创意。这个创意不只是去创造性地表达产品的信息，更是找到一个令人信服的方式去传递品牌现在和未来的精髓。品牌意味着其理念可以被萃取成几个词汇。以我们集团设计的几个品牌理念为例，如苹果的"非同凡想"（Think Different）、阿迪达斯的"没有不可能"（Impossible is Nothing）、尼桑的"改变"（Shift）、Visa卡的"通行全球"（Go World）、百事的"每一瓶百事都能刷新世界"（Every Pepsi Refreshes the World）、渣打银行的"一心做好,始终如一"（Here for Good）。

显而易见，上述创意的境界完全不同。它们的作用并不仅仅是增强广告的影响力，而且是传达一个品牌的精髓，并在人们脑海和心中占据突出地位。近10年来，我一直都在鼓励我们的客户采纳这个层面上的创意，理由有三：

首先，通过把品牌精髓归纳成几个词汇，品牌内涵将会变得更具体、更丰富。品牌将获得情感上的支持，这是在更高层面上获得的好处。我们将其变成更重要的事情。

其次，品牌理念有内部激励作用，带来了工作活力。一个强有力的理念会令人们产生共鸣。我播放了很多次史蒂夫·乔布斯、卡洛斯·戈恩（Carlos Ghosn）和埃里希·斯坦明格（Erich Stamminger）称赞广告语"非同凡想""没有不可能"和"改变"的视频。他们认为这些能够鼓舞员工士气。他们用这些广告语来描述自己的公司，定义公司的行动足迹，并且展示他们未来的发展计划。

最后，创意之所以如此重要，除技术原因外还有更多的原因。品牌创意与任何广告创意展现的特定媒介无关，尤其是与电视无关。无论是电视、纸媒、街头，还是互联网，展示"没有不可能"这一创意在所有的媒介上都是简单易行的。这成倍地增强了表述的力度。品牌创意是传播计划的主心骨，从上游到下游启发并渗透进每一个措施、每一次活动和每一个行动方案。可以说，品牌创意能够推动传播计划的整合。

广告词是什么

人们经常夸大了广告的影响力。它只是一门应用艺术，一种近似科学。尽管如此，当正合需要时，它就自然地和我们的日常生活融为一体。这门艺术能够在细微之处创造新的生活体验。

英国最大的食品零售商乐购(Tesco)深谙其道。它的每一个创举都反映了其品牌理念：点滴皆有助益(Every Little Helps)。乐购最先从细微之处提出了很多想法来帮助顾客。它根据顾客的需求提供了10种不同类型的购物车；为家庭和残疾人购物者设置了更好的停车位；搭建了更宽敞的休息室，休息室配有用来换尿布的桌子；提供可查询价格的条形码扫描器、饮水器与用来维持酒和香槟合适温度的冷却柜。最近，乐购发起了"新鲜即点"(Freshly Clicked)活动。无论在家还是其他任何地方，只要在苹果手机上点击你想要的任何东西，乐购就会立即告知你店内是否有货以及商品价格，并提供送货上门服务。尽管乐购近期的发展存在波动，但它依然是全球大型零售商的楷模。他们作出了认真的努力。有时候它看上去关注的是一些并不重要的事情，但提高了服务质量，甚至为行业空白领域创造了活力。其品牌创意"点滴皆有助益"表明公司能够正确看待每一个小的进步，并且让它们变得更加有意义。伟大存在于细节之中。

广告电影创意、电视活动创意和品牌创意，我们以此作为创意的发展顺序。历史都是有意义的。如今我们处于一个新的转折点，有些人质疑品牌创意的概念，理由是从品牌创意中提炼出品牌理念有局限性，品牌创意只提供了局部现实，太过简单随意。如果按照这一说法，那么这个时代已经逐渐丧失了品牌创意的概念，他们认为品牌创意已成为广告史。另外一些人则表示，为了反映伟大品牌的潜在价值，你需要很多不同的广告语，补充一系列主题。在法国，麦当劳将很多不同的创意组织成一系列不同的章节，每一章节都会产生不同的广告，这种广告模式可以称作是"马赛克"。每一个单独的元素对于个体而言都是有意义的，整体则汲取了各组成部分的力量。

事实是，品牌需要设计各自独特的模式。有些品牌的模式是多样的，比如麦当劳；有些则是单一的。但是我并不相信我们已经止步于由品牌名称、标语与广告创意等提炼出的几个关键词。一切会导致思维惰性的形式都应该被摒弃。那些倡导这种做法的人底气越来越不足，他们承认无力发现能够震撼人心的核心词汇,而这恰是体现我们行业实力之处。这种能力既不简单也不寻常。但是每个品牌都需具备强有力的表达方式,以使人印象深刻。1971年,我的老板会问"广告词是什么",今天,这个问题依然意义重大。

数字时代的来临并不会改变这种现象。相反,数字时代是高度碎片化的,无边无际的信息会让品牌资讯转瞬遁形。为了避免出现这种情形,我们需要一个高度统一的品牌理念。如此一来,海量信息反而会在实际上加强品牌理念。例如,对阿迪达斯而言,数以千计的当地营销活动是"没有不可能"这一品牌理念的具体诠释。此前我们被限制在大众媒介的空间和时间中,在当今数字化的世界,企业可以支撑一个有力的核心理念,并通过上千种方式强化它。

精神食粮

创意总是来源于一些地方。它们需要滋养、催化,也需要灵感。战略策划能提供这一切。和字面上的意义一样,它为人们提供思考的材料。计划者需要提供新的视角和独特的见解。他们需要去除糟粕,重新阐释、丰富原材料,使它看上去更有趣。

但是环境正不断发生变化。传媒策划人员要比以往做更多的事情。过去,他们的工作是确保委托人对其潜在客户有更多了解,而不是竞争,注重以自我为中心展开业务。但是现在他们需要掌握更多社交网络的专业知识,需要了解如何管理社区、处理数据和生产内容。这只是众多任务中的一部分。从来没有一个单独的个体可以同时具备如此多的专业知识,因此如今你必须把拥有互补专业技能的人组合在一起。如果一个当地的广告公司因为规模太小而无法提供相关资源,那么整个集团就需要提供帮助。每一位我们的员工,无论他身处世界何地,都需要知道哪里可以寻求帮助。

在过去的 10 年中,有很多观察者对像我们这样,拥有上百家位于世界各地分公司的传统跨国广告公司提出了质疑。很多人声称,你所需要做的就是运营位于几个关键城市的公司,如纽约、伦敦、上海、圣保罗和巴黎。事实恰恰相反,当今的世界给了传统跨国广告公司一个重生的机会,使它们得到了强化。人才遍布世界各地。澳大利亚的社交网络专家为我们在洛杉矶的分公司提供了援助,马尼拉的图案设计师为我们的法国分公司进行了奢侈品设计,巴西圣保罗的肥皂剧编剧帮助了我们欧洲分部的内容编写者,我们的一个法国分公司则正在策划全世界的广告宣传活动。遍布全球的人可以随时聚集在一起。跨国广告公司不再是一个根状系统,也不再是各地分部从中心出发互相合作,而是一个可以不断被个体投入的精力和智慧所激发和丰富的巨型大脑。

然而,有一点并没有改变,若有任何不同的话,可以说,它反倒变得更加真实。策划者需要开门见山,从快速增长的大量事实和信息中,挑选出那些能刺激和说服客户的想法。策划者需要尊重复杂性，但不需要复杂的东西。一个简洁的概述可以给一个简单的广告活动奠定基础，复杂的描述则不行。

广告的制胜法宝是使短暂的广告具有意义。当我第一次听到"不同凡想"时，我就知道这几个简单的词汇是对的。苹果的设计主管乔纳森·伊夫提到了"必然性"这个词。有一段时间，如果你刚好灵感来袭，那你想到的就是最合适的，就好像是命中注定。

我在 20 年前写的一本书中引用了浪漫主义作曲家罗伯特·舒曼（Robert Schumann）的话："在作曲的过程中，你所要做的就是去牢记那些从未有人想到的曲调。"

Japan | 日本

"真的非常感谢。这对于我个人以及日本而言,都是无上的荣誉。"

冈田克也(Koh Okada)站起来鞠了几次躬。这件事发生在 1982 年。我是戛纳国际广告节的主持人,冈田克也是 20 位评委会成员之一。一个大型日本广告公司——博报堂(Hakuhodo)刚刚荣获了这次广告节大奖。我那一票的分量与其他 19 位评审会成员的并没什么差别,但是他继续恭敬地朝着我的方向鞠躬,好似该机构提交的广告获奖的决定是我独自作出的一样。

快 30 年过去了,我们与博报堂公司一直保持着合作关系。TBWA 的东京分公司与博报堂的尼桑分部合并,建立了日本广告界第一个重要合资企业。过去的 10 年中,我与这家日本第二大广告代理机构的管理者保持着密切的联系。

获奖广告片确实当之无愧,它巧妙地展现了国家牌电灯泡(National Lightbulb)可发出自然光的优点。现如今的广告脚本往往需要有特效贯穿始终。但在1982年,电影中几乎没有特效,甚至"特效"这一说法也并不存在。这部广告片中没有用到特技摄影。你会看到一只手慢慢地削桃子皮,桃子皮稍稍鼓起。刀片之下,可以看到桃子皮下新鲜湿润的果肉与外面干燥的绒毛之间形成的对比。画面非常精细。接着在桃子皮下,应该是果肉的地方,你会渐渐看到一个光滑的桃子形状的灯泡。整个过程都是微距拍摄的。类似的技术重复运用在一个苹果上。接下来的一幕更令人印象深刻,一颗葡萄的果肉再次变成一个灯泡。导演的拍摄技巧非常吸引人。这些现实中不会出现的画面实在令人着迷,你会一次又一次地发现一个点亮的灯泡藏在湿润、冰凉的水果皮下面:这个诗意的比喻深得日本人喜欢,因为水果的自然属性与灯泡发出的光的自然属性有异曲同工之妙。

当这个广告片出现在戛纳广告节的银幕上时,评审团分成了两个阵营。来自美国的评审团成员似乎不太认同,而来自欧洲——尤其是南欧的评审团成员却给予了它最高奖项。

很多年过去了,我发现自己对日本广告越来越感兴趣。我记得东京西武百货商店(Seibu)悬挂着一幅巨大的海报。海报上有个6个月大的婴儿在水池中潜泳。靠近海报顶端的位置,你可以看到水面,水面下游泳的婴儿睁着眼睛。海报其他部分充斥着美丽而湛蓝的水。标题为:寻找自己。对于日本民众而言,画面没有任何不自然的地方,用婴儿在水下潜泳

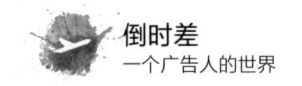

的照片来为百货商店重新开张作推销也没有什么不同寻常的。我们西方人或许觉得这个创意并不切题,但是对日本人来说却运用得很恰当。

精妙的点金之术

一直以来,日本都保持着一定程度的文化差异性,文化的疏离使之显得神秘。同样地,法国和日本都具有一种强大而又古老的图形艺术传统。日本和法国的艺术语法也有着某种相同的特质。与英语世界相比,它们都会使用更多的符号和隐喻。

这些相同的特质一度让我尝到失败的滋味,并且在很长一段时间内令我头痛不已。在20世纪80年代末,我们为巴黎春天百货商店(Le Printemps)设计了一个活动,这个活动大胆而创新,并在当时留下了独特的印记。我们采用了双页广告,使得原来并没有联系的两个画面连为一体。左侧页面上一位女士两手交握,伸出双臂,右侧页面则展示了一匹双腿交叉的马;左侧页面是一道铁轨,右侧页面则是一位女士凝望远方;左侧页面上的手对称地移动着,与另一侧页面的植物形状遥相呼应。这则广告的标题是"邂逅情感"(Encounter Emotion),上面写道:"百货商店将时尚、美丽和内涵展现给你,而你唯一要做的就是听从感官,感受奇迹的发生。"

如同西武百货的广告一样,这一创意背后的理念就是打破零售商店的惯例。我们想要创造情感,真实的情感。但在一份四色杂志中,由于版面限制的原因,想实现创造情感的目的并不容易。达到预期效果的途径是情感状态的碰撞:成熟与幼稚,文明与原始,静止与活跃……广告往往只是通过展示人们的体验来描述情感。极少有广告会试图真正地引发情感。

我们的方法并没有成功。让一个法国的百货商店品牌借鉴日本的广告形式,似乎是行不通的。过了一阵,广告就停止刊登了。几个月之后,巴黎春天百货就不再与我们继续合作了。

精确的手势

1999年,法国最大的汽车制造商——雷诺(Renault),前来挽救日本第三大汽车制造商——尼桑。TBWA公司负责运作尼桑在日本之外的全球广告项目。尼桑在日本的广告代理机构是博报堂广告公司。卡洛斯·戈恩委托我们带来一份尼桑在本国和在全球其他地区的广告资料汇总。他说:"一个品牌,一种声音。"

TBWA公司和博报堂公司的职员很快建立起了极好的关系,相互之间十分信任和尊敬。来自西方的团队和日本的团队发现他们在并肩工作,但其实,在此前的很多年间,他们相互之间并无交集。尽管共同参加过无数次会议,他们对对

倒时差
一个广告人的世界

方的影响也是非常有限的。最终,考虑到英菲尼迪(Infiniti)的未来,我们建立了一个包含日本、英国和美国成员的工作团队。英菲尼迪是尼桑的高端品牌,它在美国、俄罗斯、中东以及如今的欧洲,都与雷克萨斯、宝马和梅赛德斯形成了竞争之势。

日本合作伙伴向我们介绍了 Adeyaka 一词。和许多日本概念一样,这个词在其他语言中并没有对应的词汇,它的含义涵盖奢侈品、差异化、高雅、生活方式。它使人在脑海中浮现明亮而充满力量的色彩。对于日本民众而言,它能够唤起热情。在这个意义上,它代表了"禅"(Zen)价值观的相反面。"禅"起源于 12 世纪晚期,影响了日本列岛宗教、艺术以及生活的各个方面。它成为西方对一切日本事物的隐喻。Adeyaka 则与之对应。禅是黑与白,是朴素、极简、冥想或平静,是一天的结束,是模式化。与此相对,Adeyaka 是活力、多彩、流畅、温暖,是富有想象力、动态而令人神往的。当我把禅和 Adeyaka 之间的区别与古典和巴洛克之间的区别进行比较时,日本朋友告诉我要忽略这些。他们说这种对照关系太过粗糙。别的不说,Adeyaka 属于现在,而不是过去。

Adeyaka 传统激发了英菲尼迪设计师们的灵感。我们常和他们讨论这些。对自然的力量、鲜活的色彩、精致的工艺的谈论,使得我们能够据此写出一份策划。我们第一个商业广告源于日本一个很著名的手势:书法家经过几分钟的沉思,一转眼的功夫,就画下了一条穿过整个页面的曲线,动作非常迅速,就像一个柔道动作一样。要想达到这样的精确程度,天赋、性格和成功的经验都是不可或缺的。我们的片子以一句话作为结尾:"从一条线到英菲尼迪。"(From a single line to infiniti.)

我相信我们不仅抓住了 Adeyaka 的精髓,还避免了禅意象的肃穆。同时,我们还为德国汽车制造商冰冷、机械的世界提供了不一样的东西。有人告诉我,在日本,当人们说 Adeyaka 时往往面带微笑。

尊重的传统

我喜欢日本。但是,尽管多次到访东京,我仍然发现自己始终不能很好地理解日本人。日本的文化与我们的文化相去甚远。读懂与自己文化背景截然不同的人的思想总是很难。不过,有一件事我很清楚,那就是日本人对知识的渴求是无止境的。以前的一个评论中说:"日本人以神道诞,以儒学思,以佛法逝。"日本人以乐于不断吸收新鲜事物的人自居。他们喜欢学习外国一切有趣的东西。我到日本的每一分钟都在被问题轰炸着。他们想要了解全球广告界的境况。因为日本市场几乎只在自己的世界里运作。

我知道大部分日本人是如何看待法国人的。他们认为我们粗鲁而无趣,认为我们并不懂得对话中沉默是金。然而事实上,我总是被提许多问题。与那些和我在一起的人相比,我

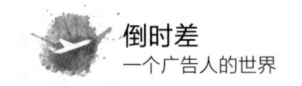

总是说话更多的那个人。尽管我清楚地知道，当一个会议进行到尾声时，他们对那些讲话较少的人会有着更多的敬意。

虽则如此，我还是与一些日本同事成了朋友，特别是宫地正雄先生（Miyachi-san）。他在运营了一些代理部门后已经退休了。1999年时，他负责尼桑的广告项目。从第一天开始，他就对我们非常坦诚。我们一起克服了很多障碍。我们在多次丰盛、漫长的日式晚餐中有过充分交流。他教给我日本的核心价值，即统治和囊括其他所有日本人思想的，令人尊重的价值观念。

日本人以含蓄、谨慎著称。他们举止拘谨，从不说"不"的行为方式可能会引起一些误解。他们并不总是同意西方人的建议，但因为他们从不说"不"，有时就会显得像是"两面派"。但是在他们的思维方式中，区分表面态度（"场面话"）和深层事实（"真心话"）是必要的，这是一种礼节的反映。Ayami Nakao是博报堂的一位高管，也是我亲密的朋友，他告诉我跟人说话太快是无礼的。日本人最喜欢的树叫做樱花树。这种树开花最慢，但是当它开花时，花朵美得无与伦比。

日本人对关系亲密的同事表现出极大的尊重。观察者常常错误地认为日本的组织是分等级的。事实上，美国式的由上而下的管理制度在日本并没有真正存在过。人际关系基于彼此尊重，且取决于人们为他们所处圈子作出的贡献。如果你问一个日本人在哪儿工作，他不会说是索尼或者尼桑，而会说在索尼的研究部门工作，或是在尼桑的设计部门工作。日本人与其供职部门的紧密感要强于与其所在的公司。他们觉得自己对于关系最近者有一种承诺存在。日本人以群体心态闻名。事实上,他们确实是拥有团队精神的,对最亲近的人有着最大的尊重。

当涉及自然时,这种尊敬就转变为了崇拜。福岛事故前的几个月我写下了这些句子,重读时,并没有感到它们需要变更。我并不认为这场巨大的灾难会从根本上改变日本人民对于自然的感受。因为这在日本动荡的漫漫历史长河中,不过是一次小波澜而已。那些灾难给日本人民带来的影响是深层次、强制性且超越他们认知的。他们对自然表现出无限的顺从。日本人崇拜自然,这是他们灵感的第一来源。自然指引着日本的同时也恐吓着日本。日本人相信每粒米中都驻有神灵,每一滴雨水、每一颗鹅卵石、每一块岩石也是一样。正如宫地正雄先生曾经告诉我的那样:"在日本,人造艺术必须追随自然艺术。"

一天,他将上述思想一言以蔽之为:"在我们国家,我们尊敬自然,我们尊敬人,我们尊重这种尊重的态度。"

我们的关系不是特别熟络,直到 60 岁生日之前,我仍认为我和宫地正雄先生以及他的日本同事之间的关系在本质上是种工作关系。然而,当我 60 岁生日时,他们送给我的一个视频和一些礼物改变了我的看法。从视频中我知道了"还暦",即人的第二童年,它是从 61 岁开始的。日语中,"还暦"包含了两个含义:轮回和天历。与其他生日不同,60 岁生日

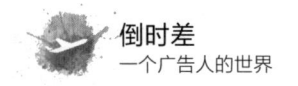

不单是个生日，它还标志着60年一轮循环的结束和下一轮循环的开始。当黄道十二宫中每一个星座都经过五行中的每个元素：金、木、水、火、土时，一个循环结束。在日本，"还曆"即是再生。

依照传统，庆祝自己60岁生日的人必须身着红色斗篷，头戴一顶红色的宽檐帽。我的日本朋友们把这些服装送给了我。在日本，红色是婴儿穿的颜色。他们通过送我这些礼物来庆祝我的重生。

Knockout｜淘汰

"BDDP 公司回天乏力了。"

米歇尔·佩贝罗（Michel Pebereau）是法国规模最大的银行——巴黎银行的首席执行官。他走进来时，我们正围坐成一圈，坐在仿 16 世纪的高背扶手椅上。米歇尔告诉我们，一切都结束了。让-克劳德·鲍莱特（Jean-Claude Boulet）、玛丽-凯瑟琳·杜佩（Marie-Catherine Dupuy）、让-皮埃尔·佩蒂特（Jean-Pierre Petit）和我在 10 年前一手创建了这家广告公司，尽管曾经取得了辉煌的业绩，现在却即将输给一群门外汉。

整个房间充斥着他冷酷无情的话语。他说："我有四件事情要告诉你们。"他声明道，第一，BDDP 没有前途了；第二，BDDP 将要被哈瓦斯集团（Havas）收购。第三，他提醒我们必须为公司债务提供个人担保，也就是说我们需要对接下来发生的事情保持缄默，否则未来我们大部分的收入都将一直用来偿还公司债务，这可能是一个相当长的过程。最后，他告诉

倒时差
一个广告人的世界

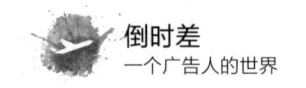

我们所剩时间无几:"周一之前我需要得到你们的正式协议书。"而那时已经是周五晚上。

我们回绝了他们的收购。直到今天,再次想起这件事,我都不知道该如何面对接下来成年累月的压力。

我不再对米歇尔心怀怨恨。由于我们俩都在巴黎政治学院任教,有时我会在那里遇见他。时间能够治愈一切,我憎恨的是制度。我厌恶这个时代给予大银行至高无上的权利。我发现银行经理常常对客户表现出不屑一顾的蔑视,也注意到他们尤为擅长自我免责。银行家往往忘记他们仅仅是中介的事实。他们的工作无非是作为中介调节金钱这一资源,并且为那些需要资金的客户服务,而客户并不亏欠他们什么。

我们制作了一部关于法国巴黎银行私有化的广告片,在这部广告片中我们就是这么刻画银行家这一职业的。尽管与法国巴黎银行有过不算愉快的谈判经历,但我们仍然可以从精神层面影响他们的私有化运动——这是巴黎银行历史上的一个重要关头。在20世纪90年代,许多法国公司仍然属于国有企业。私有化过程通过股市将它们重新呈现在大众面前,法国巴黎银行就是其中之一。我们的这部商业广告灵感源自丁格利(Tinguely)的奇异雕塑,他的作品向来以错综复杂的结构而闻名,齿轮叠齿轮,相互翻转,就像巨大的发条装置。我们的广告展示了一个小男孩骑着脚踏车,创造的能量源源不断地输送给建筑和工厂。这是一个关于银行对经济贡献的比喻。米歇尔曾告诉我他很喜欢这个比喻。

我们积累了很多债务,9亿法郎(按当时的汇率换算相当于2亿美元)。我们曾打算向全球扩张,试图根据巴黎的成功经验和在扬罗必凯公司(Young & Rubicam)学到的跨国公司运作方法来构建一个全球性的广告公司。我们操之过急了。WPP公司的CEO马丁·索瑞尔是名伟大的"预言家"。他曾提出,整合将极大地推动广告业发展。虽然他声称是被动卷入,但事实上他是幕后推动者。

这种持续的关于整合的言论促使我们开始思考,留给我们行动的时间仅剩几年了。我之前提到过,纽约的第三大广告代理商韦尔斯·里奇·格林广告公司和他们那份著名的客户名单正待出售。因此,我们没有犹豫。

衰落拉开序幕

大多数评论者认为是我们太过激进,但我不这么认为。我们并不是狂妄自大,我们只是敢于冒险,并且已经接近成功了。不幸的是,一系列打击恰巧同时降临。我们最大的几个美国客户大规模削减了预算。恰逢第二大客户申请破产。我们在纽约还遇到了欺诈问题。所有这些事情都发生在1993年夏天的几个星期之内。而著名足球明星演员辛普森(O. J. Simpson)曾是我们赫兹广告的形象代言人。不久之后,他被指控谋杀妻子。全世界受到震惊的观众通过直升机拍摄的镜头,观看了据说是其事发后开车逃逸的现场。一夜之间,赫兹的 CEO 取消了接下来的所有宣传活动。

　　1989 年,我们就计划上市以实现国际化发展。但当时的经济大环境迫使我们推迟了计划。接着我们迎来了韦尔斯·里奇·格林公司的收购机会。尽管时机不当,但由于担心机会失不再来,所以我们还是决定赌一把。我们背负了一大笔长期债务完成了收购。事实证明,这笔债务超出了我们的承受能力。

　　也许是我们太冒进。但当时很多顾问都建议行动。包括银行家、投资基金经理等各类中间商在内的金融专家们都排着队想要约见我的合伙人让·克劳德·鲍莱特。几个月之前,我们还在商讨收购智威汤逊(J. Walter Thompson),它是世界上最大的跨国广告公司之一。让·克劳德·鲍莱特为了挖走原智威汤逊公司一名叫波特·曼宁(Burt Manning)的经理,不惜启动了对智威汤逊的收购案。我们当时差点就凑齐了收购费,大概只差一亿美元左右。最终,马丁·索瑞尔买下了智威汤逊,这是他众多收购案中的首例。几个星期后,让·克劳德·鲍莱特和我与来自纽约第一波士顿公司(First Boston)的一名经理聊天,据这名经理透露,马丁刚刚告诉他,智威汤逊位于东京的一栋大楼在资产负债表上的价值居然令人难以置信地低至 1 000 万美元。他立即将其以 20500 万美元的价格卖掉,这样就大幅度地降低了他的收购成本。而这次仅仅是马丁鸿运当头的一生之中的一次好运而已。这也证明了原智威汤逊经理的失职。这让我们后悔不已,因为就快煮熟的鸭子飞了。另外,马丁还聘请了波特·曼宁来经营智威汤逊。

我经常用"差点就成功"来描述我们当时的感受。从财务和商业的角度来说,我们整天小心翼翼地踩在刀刃上。很快,我们就意识到玛丽·韦尔斯公司的继承人并不能胜任公司的管理工作,但考虑到裁掉继承人可能会引起公司动荡,使投资者产生恐慌,所以我们也不敢轻举妄动。我们的当务之急是解决资本不足的问题。但我们并没有成功,而随着时间流逝,纽约地区管理上的漏洞开始导致客户和人才流失。我们由此陷入了恶性循环不能自拔。

金融市场叫停了我们这场冒险。投资者与银行进行了洽谈并接管了公司。他们把公司交给了一名拥有对冲基金的人手中。当时是1994年。我们是他的第一单大生意,成为他打入核心金融圈的跳板。是我们给了他进入私募股权领域的机会。现在想起来难怪他当时如此紧张和犹豫。只能说,我们实在太不走运,成为一个新手的试验品。接下来的故事就很简单了。可想而知,我们的新股东并没有持有多久,他在收购不到2年内就抛售了。这是继上次打击后短时间内的又一次剧变,几乎是第二次灭顶之灾。

投资者带来的是痛苦。我们当时都太天真,后来才发现他们的狡诈之处就在于操纵这种三方游戏。我讨厌公司被一次次出售,于是忍不住表达了强烈抗议。其中一名新股东问我:"你有什么可抱怨的?"当然,我很快就收回了我的话,不然我将会一无所有,因此我也只是说说而已。

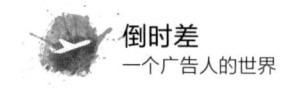

15年之后,仍令我深受打击的,并不是当时失去了我们亲手创建的公司,而是在这个过程中我们忍受的语言上的谩骂羞辱。至于失去公司,这是常有的事。但是期间的耻辱,接连不断的会议,以及凌晨两点在律师面前所受的种种羞辱,仍然历历在目。我不曾料到看似平静的金融界居然隐藏了如此之多的残酷言语。

不管怎样,我们还是失去了公司。7年之后,我已经是TBWA公司的负责人。我一直在想到底是什么激励我熬过这7年的。答案就是,我爱自己所做的工作。说我是激情四射或许有点夸张。研究人员、教授、投资者都属于富有激情的人群,乔布斯也是一样。当苹果董事会在将他踢出又重新聘请回来后,乔布斯在《华尔街日报》的一篇专访中提到:"人们常说你必须要对自己的工作保持高度的热情,这是毋庸置疑的。原因就在于,如果没有激情,重重的困难通常会吓退普通人,很多人因此而放弃。这个过程真的充满了艰辛,并且你必须坚持相当长的一段时间。所以,如果你并不热爱你的工作,你无法在工作中体会到乐趣,你将会选择放弃。事实上大多数人都是这样做的。"

但事实上,我们从未放弃。

两种经济

与此同时,我们也在高级金融世界里历经风险,1996年,一名叫让·鲍德里亚（Jean Baudrillard）的法国著名哲学家预言，金融经济将成为一种独立的经济形态飞速发展。金融经济的发展速度将根据每秒呈指数增长的金融交易成比例增长。实体经济则被远远地抛在后面。两大经济——金融经济和实体经济是分离的。如果有任何差错使得两大经济形态有了接触，将会导致大震荡和不可避免的崩溃。

对此，鲍德里亚的比喻解释得更为贴切："债务有自己运行的轨道，完全自主运行。资本偶然从实体经济中释放出来，以恒定的加速度平行地运行着，避免与生产、价值和使用传统领域发生价差。这个平行系统与我们的领域重合的可能性非常小。"同时，他指出："围绕我们现实世界运行的'卫星'包括世界债务、自由流动的资本和核燃料。这些平行星系保持着各自的自主轨道和指数系统，都称得上是'定时炸弹'。对于核装置来说，这种说法显然很容易理解，对于世界债务和自由资本来说，也是一样。一旦这些平行系统进入实体世界，或者说它们的轨道与我们的重合，那么我们的市场和经济的脆弱平衡将被打破，从而引发震荡和衰退。"

事实上震荡确实发生了，这些轨道发生了重合。最新的一次震荡也是最为剧烈的一次。自鲍德里亚首次作出预言时起，已经发生了三到四次衰退。接连的衰退表明，资本主义离不开危机，它需要从危机中获取增长点，然后反弹。但是经济危机已经开始变得越来越频繁，因为经济泡沫已经越来越严重。

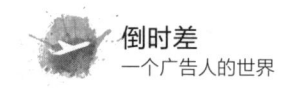

这导致了银行资本不足。认为应该强制增加银行资本的观点让银行家坐不住了。他们无耻地、毫不迟疑地回应说，如果银行被迫留出更大比例的收益进行资本结构调整，那么流向实体经济的钱会更少，也就是说公司能获得的贷款额度会进一步缩水。

他们的论点无可辩驳，除了一点：20年来银行一直未能增加股本。20年来，过多的分红已经使得资产股东权益比逐渐下滑。位于巴黎的拉扎德银行（Larzard Bank）的首席执行官马修·皮加斯（Mathieu Pigasse）指出："银行家本应评估他人的信用风险，现如今他们甚至不知道该如何进行自我评估。"

长线投资的必要性

对于金融界"短线投资主义"的批评已经司空见惯，在市场投机泛滥的地方尤为如此。算法交易的出现使得交易操作在十万分之一秒内就能完成。我认为某些企业领导人也应对此负责，他们忽视长期发展战略而接受金融同伴的要求。一些董事会成员仅仅把企业当成资产累积的工具，根据股票市场的趋势随意组合或拆分。

重启对长期价值的关注至关重要。而董事会不应仅说说而已，他们需要的是实现短期盈利，包括停止资产剥离、关闭工厂等。因此很多投资基金专家都很擅长这些，不过也仅仅擅长这些。这导致了很多公司的 CEO 或自愿或被动地请辞。新兴国家的公司有政府的支持且非常看重长期发展,如果我们想要与这些公司一同竞争,就必须结束这种短视情形。在亚洲,商业规划往往提前数十年。

有一点是毋庸置疑的:在西方世界,经济发展的步子需要再迈得大一些,而有些过热融资需要冷却一下。经济和金融的发展速率需要同步。除非公司真正转变了经营思路,否则这个愿景很难实现。任何阻碍公司转变经营思路的障碍都应该清除,其中,首要的就是短线投资主义对战略决策产生的不必要的影响。

我们公司代理的一家银行——渣打银行较为与众不同。渣打银行总部设在伦敦,但在亚洲有大量业务。半个多世纪以来,在经济衰退最严重的时期,渣打银行仍然公布连续 7 年盈利。谨慎的投资策略使得渣打银行并没有像其他竞争对手一样被经济泡沫所打垮。事实证明"做正确的事"这一独特的企业文化是颇有裨益的。例如,当其他银行都唯恐避之不及的时候,渣打银行是首个重返阿富汗的国际性银行。我们刚刚为渣打银行策划了一项大型广告活动,主题是"一心做好,始终如一"(Here for good),重点在于强调渣打对长期发展战略的重视。确实,我们制作的广告片中的画外音解说读起来有点像宣言:

银行到底象征着什么?

银行是否能够兼顾自身发展与社会责任?

履行义务而非行使权利。

并不是所有重要的事情都能计算。

银行能否做到在关注盈利多少的同时也注重盈利方式?

携手普通民众,而非颐指气使高高在上。

为每位客户提供个性化定制服务。

简单做好每一件事,这样能成就一家杰出的银行吗?

不论在哪里,我们都坚持初心不改。

为了民众,

为了进步,

为了长远发展,

我们一心做好,始终如一。

我们为这次活动制作了三部广告片,每一部都为这个解说提供了不同的展示方式。我最喜欢的一部是由一名年轻的埃塞俄比亚艺术家埃泽尔·乌博(Ezra Wube)执导的。他设计的宣传方式很特别。他会拍摄几幅画在帆布上的画,首先画一笔,接着,一块布从画布的角落开始擦拭,慢慢改变整个画面,这样可以快速展现不同阶段的画面。3个月中共拍摄了1 000多个镜头,事实上,是1 000多幅画。这是一部非常棒的广告片。

埃泽尔·乌博将他获得的酬劳捐给了埃塞俄比亚的一所学校。广告片的配音是由非洲的团队制作的。广告在中国首播。在中国的荧幕上播放一部以英国银行为主题并由非洲制作的广告,这可以称得上是全球化的一个绝妙的例子。

渣打银行的 CEO 彼得·桑德斯(Peter Sands)看过广告的旁白解说词后,说道:"我希望我们 7 万名员工都能用心牢记并践行这段话。"这是他用来鼓励员工尽己所能践行银行理念的方式。

我从未想过有一天我会坦然接受一家银行提出的这样一个问题:"一家银行能做到卓越不凡吗?"

Luxury ｜ 奢侈品

"忘记奢侈品吧，尤其是香水。"

在 18 世纪中叶，路易威登和巴黎春天这两个来自法国的世界著名奢侈品巨头和现在大不一样。过去，大多数奢侈品广告与香水有关。在公司刚开始运营时的一次管理委员会会议上，我们列出了目标客户，排除了香水制造商。

我们曾有过一些不愉快的经历。香水产业是创造性的、复杂的、微妙的。许多香水制造商看不到广告天才们所能提供给他们的价值。广告公司设计的是理念，而香水制造商所做的是创造一个全新的世界，我的意思是一个由印象、回忆和巨大的神秘感所组成的世界。香味本身，有时也被业界称为"jus"，只是刺激或是启发人们对香水瓶子和品牌名称进行理解。在这样的情形下，广告商们的创意似乎有些不合时宜。他们似乎背离了制造者们关于香水世界的概念，好似向这个世界引入了一些不相关的元素。

我们无法相互理解。

对于那些香水商来说,广告只是销售流程尾端中不可或缺的环节之一。对他们而言,广告虽具有创造性,但所占份额不多。甚至连最享有声望的香水制造商似乎也满足于那些极其循规蹈矩的广告。时尚杂志上充斥的一页页香水广告看起来就像一份香水目录,根本无法引人注意。如此多的超群智慧和劳力止于陈腔滥调,实在令人伤感。这也是为什么公司创办早期我们不与奢侈品业合作的原因。

后来,在1986年的一天,两位女士来拜访了我们。这两位女士正是法国当时排名第一的奢侈品公司Mafia的创始人。每个人都渴望获得她们的青睐,而她们选择了我们。我们当然无法拒绝。正是在她们的帮助下,我们有幸参加了当时正值行业生涯巅峰的伊夫·圣·罗兰(Yves Saint Laurent)的产品发布会。渐渐地,我们开始理解一个曾经陌生的领域。随后,我们的公司逐渐成为最了解香氛产品、时尚和奢饰品的广告公司。

25年之后,毫不夸张地说,奢侈品的营销方式正在向全球商界普及,并且从单一、简单的传统模式向更复杂、更流畅和更加多元化的方向转变。现如今,我们可能更需要向爱马仕、迪奥学习,而不是通用这些传统产业。奢侈品的营销模式很可能会在将来成为营销模式的基准。欧洲人本能地认为,一个品牌绝不仅仅是一系列产品或产品的名称。他们知道一个品牌不应该只局限于具体产品,而应该拥有自己的生命力。

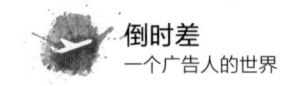

品牌需要不断地创新，不断被给予新的养分。美国人发明了营销的准则，欧洲人则将品牌科学提升到了一个新的高度。

我们在奢侈品世界的学徒生涯中获得了许多光辉的成就。其中一个可以追溯到最早期和 Mafia 公司合作的那段时光。在与英国导演雷德利·史考特的合作下，我们为圣罗兰公司拍摄了一部令人难忘的广告片。琳达·伊凡吉莉丝塔（Linda Evangelista）的"鸦片"牌香水用光了。愤怒的她疯狂地冲向远东的贫民窟，为了寻找那令人陶醉的香水。在一间破旧的房屋后面，她找到了那瓶香水，掏出了一叠钞票。广告的最后打出"鸦片香水，只为痴迷者而生"。

不得不说这惹恼了我。它似乎打破了每一条制作奢侈品广告的规则。定义这个世界是通过建议而不是公开的声明，是通过逐渐影响而不是直接陈述。在这个世界中没有什么是绝对的。圣罗兰有足够的勇气将它的香水命名为"鸦片"。那么一个女人在金三角的冒险所要表达的关键点是什么呢？过多现实主义会将魔幻掩盖，但是这部广告的出现打破了这一常规。它颠覆了我原有的认知，令我明白即使是在香水领域，也没有什么是亘古不变的。"鸦片"香水就是打破这一常规的明显写照。

时光飞逝。25 年之后，我们完成了一部具有影响力的广告。当然我指的是为迪奥新香水"真我"（J'Adore）拍摄的新广告片。在时装秀的后台，查理·兹塞隆（Charlize Theron）已经梳妆完成，她将与格丽丝·凯利（Grace Kelly）、玛琳·黛德丽(Marlene Dietrich)、玛丽莲·梦露(Marilyn Monroe)同台竞艳。这部广告片中的故事前所未有地将高级时装秀和香水融为一体,它发生在巴黎郊外凡尔赛宫的镜厅之中。这个广告立足于品牌恒久流传的特性,精确地彰显了迪奥公司的服装设计理念。我认为这可能是第一次在环境优雅的时装秀中加入香水广告的元素。这为品牌高级定制服装的发展作出了突出的贡献。

奢侈 VS 高端

我已经谈及一个名为泰格豪雅的瑞士手表品牌。我们围绕着"无惧挑战,成就自我"(Don't Crack Under Pressure)、"智者为王"(Success Is a Mind Game)以及"这就是我,你呢?"(What Are You Made Of?)三个口号,为它制作了三个无与伦比的广告。我们的一些视觉效果最终呈现在了商业杂志的封面上:一个短跑运动员飞跃刀片障碍;接力运动员在爆炸中飞驰;水手在尼亚加拉大瀑布的边缘将船停住……最后表的销量急剧攀升,售价先变成了原先的两倍,之后又变成了三倍。有人认为我们将豪雅表提升到了高档表的高度,但是我却不这么认为。我们在充分发挥想象力的过程中并没有添加奢侈的元素。我也不认为像豪雅这样没有奢侈品基因的品牌能够变成奢侈品。我们所做的一切只是证明这个品牌的产品值得顾客花费更高的价格去拥有它。

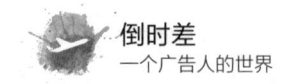

最近文森特·白斯汀(Vincent Bastien)和让-诺尔·卡普菲尔(Jean-Noel Kapferer)一同撰写的《奢侈品的策略》(*Luxury Strategy*)一书中,其中一个章节的名称为"不再迷惑:高档并不意味着奢侈"(The End of a Confusion:Premiun is Not Luxury),这正是我从豪雅案例中学到的。高档品牌通过拓展传统营销技巧提升销量。但是奢侈品品牌往往向着相反的方向发展——并不十分在乎销售量的多寡,他们关注的点在其他方面。

以英菲尼迪为例。我曾介绍过尼桑和丰田雷克萨斯互相竞争高端市场的情况。我们花费了大量时间去讨论日系车关于高端品牌管理和奢侈品品牌管理的差异。英菲尼迪是高端品牌的典型代表。它的车型制作非常可靠,同时还添加了一些异常大胆的设计。因此,虽然英菲尼迪并不是奢侈品品牌,但其高昂的售价却是合乎情理的。英菲尼迪没有高贵的血统,缺乏历史积淀。雷克萨斯或者英菲尼迪的顾客都不会前往汽车生产车间参观,但是有三分之二的劳斯莱斯客户会亲自到工厂提车。在为英菲尼迪工作的过程中,我们没有为它添加奢华的元素,仅仅是证明英菲尼迪的车值得客户花高价购买。

我们销售的是高端产品,事实上,非常高端。但是,正如皮埃尔·贝杰(Pierre Berge)和伊夫·圣·罗兰的合作伙伴曾说的:奢华与产品本身无关,与目标有关。劳斯莱斯和法拉利的目标定位就是奢侈品牌。

Luxury | 奢侈品

奢侈品悖论

当定义一个产品是不是奢侈品的时候,人们可能会过于简单地关注这个品牌的历史,就好像你只需要用"这个品牌已经诞生了很多很多年"之类的话就可以证明其符合资格。"上下",这个由爱马仕在中国创建的奢侈品品牌仅有几年的历史,却凭借精湛的工艺,获得了人们对其作为奢侈品的认同。这也反映出爱马仕具有数百年的传统,它才是最重要的。奢侈品品牌需要的是"遗传",而不仅是历史。如果将品牌精髓传承了下来,那么"遗传"才是可信的。奢侈品传承与那些既精致而又独特的长期保存下来的工艺有关,真正的奢侈品品牌都具有久远的回忆。

奢侈品临牌还需要考虑如何成为时尚的先锋。它们需要预测明天的流行趋势,其中最大胆的变化趋势是极难被预测的。它们通过对时尚的全方位探索去取代线性思维。前迪奥(Dior)艺术总监约翰·加利亚诺(John Galliano)曾经带着一个装满照片、笔记、草图的小手提箱往来于世界各地的各种时尚秀,在地球遥远的另一端,看似不可能的地方,某个瞬间为他下一季服装款式的设计提供了灵感。约翰·加利亚诺从未背叛克里斯汀·迪奥的精神,因为迪奥将每个系列都打造成令人叹为观止的杰作,都视为季节性的颠覆。他并不喜欢循规蹈矩。人们对迪奥的评价是:"大胆的优雅"的化身,在

倒时差
一个广告人的世界

1947年,这个词本身就十分矛盾。

所有的高级定制服装,或者更进一步,所有的奢侈品牌的共同点在于都是各种矛盾的集合体。从一种冲突到另一种冲突,奢侈品牌的发展就建立在各种冲突之上。它们需要立足于过去而决不会陷于拙劣的模仿;它们需要在吸引人们注意的同时又保持距离;它们以小众的精英群体为目标客户,也需要闻名世界;它们需要做到提升价格而不会影响销量,因为它们的顾客不愿意接受自己的物品贬值;它们只推出限量版,因为需要保证产品的稀有性,而大部分的制造商都在竭尽所能避免出现供不应求的状况。奢侈品的销量呈现爆发式增长,几乎达到了大众市场的销量水平,同时仍保留了自身的特性。虽然奢侈品牌也在逐渐发生微妙的改变,但它们始终还是富裕阶级的专属品。

然而,让奢侈品泛滥街头的做法过于张扬,也隐含了曝光过度的风险。最基本的矛盾就是:每销售一件都会轻微地削弱品牌的吸引力。

创建奢侈品牌就像行走在布满某种陷阱与矛盾的道路上,需要不断地打破常规。创造才能用来保持品牌的整体一致性和连续性。评判标准非常直观,当创意思想与评论家们的预期相吻合,那么这种创想将被偶像化。不走寻常路的设计也变得备受推崇。同时,创意才能必须是一种内在天赋。作为香奈儿和爱马仕的设计师,卡尔·拉格斐(Karl Lagerfeld)和让-保罗·高提耶(Jean-Paul Gaultier)简直是再合适不过了。就这种程度而言,设计师是没有自我意识的,思维总是本能地去寻找最合适的方向。

创意人才往往需要另一个"我",就像身边的一个影子。如果公司的负责人与设计师感觉一致,那么发展的前景就比较广阔了。例如路易威登的主席伊夫斯·卡塞勒(Yves Carcelle)营造的轻松愉悦的工作氛围与马克·雅可布(Marc Jacobs)的折衷文化理念不谋而合。

伊夫斯·卡塞勒于1990年加入LV公司。他是第一个注意到发展中国家富人市场的人,同时也注意到发达国家中产阶级的消费潜力在不断增长。这两个潜在市场都将刺激奢侈品的销售。早期,他也注意到销量增加可能会削弱品牌吸引力。在他的带领下,LV有了很大变化。但是他很聪明地选择了一步一个脚印,一次一个计划、一个店铺、一场秀地慢慢发展。

伊夫斯·卡塞勒有一半以上的时间都在考察LV全球448家分店,他希望确保LV的理念不断与时俱进,他讨厌全球统一,一成不变。奢侈品决不能变得重复乏味。他最新开的分店位于伦敦的新邦德街,这家店与在巴黎的旗舰店大相径庭。贵宾区悬挂着让·米切尔·巴斯奎特(Jean-Michel Basquiat)的作品、杰夫·昆斯(Jeff Koons)的自画像、理查德·普林斯(Richard Prince)的摄影作品、吉尔伯特 & 乔治(Gilbert & George)设计制作的彩色玻璃以及其他各种艺术品。这家品牌专卖店的风格与弗兰克·盖里(Frank Gehry)

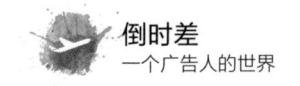

设计的，于 2012 年开业、具有博物馆性质的路易威登基金会相一致。

　　LV 的 CEO 是将奢侈品牌的分店开到乌兰巴托的第一人。他总是能率先作出表率。很少有人知道蒙古国的 300 万人口就住在金矿上，或者更准确地说，是住在大量的镭和其他贵金属矿藏之上。伊夫斯·卡塞勒相信这片沙漠之地正走向绿洲一般的未来。他还是第一个注意到中国内陆城市发展潜力的人，而不仅仅将眼光限于中国的沿海城市。2010 年，伊夫斯·卡塞勒在中国的 35 个内陆城市开设了 LV 的精品店。我还记得路易威登最早的巴黎店开在一条叫玛索大道的精致安静的街上，我第一次去还是三四十年之前，当时从来没想过这家店的未来会是如此辉煌。

　　这是一个振奋人心的故事。路易威登是 LVMH 集团①的旗舰品牌，今天它的市值是法国汽车制造商标致雪铁龙的 10 倍。这在我 20 岁的女儿这代人看来，可能不足为奇。但对于我们这一辈人来说，在经历了"二战"以来以重工业为主的发展方式后，这种奢侈品牌的发展方式简直难以置信。路易威登是个先驱者。如今法国公司占领了一半的奢侈品市场，这正好符合法国政府独特的"文化例外政策"（l'exception

---

① 法国酩悦·轩尼诗-路易·威登集团，由贝尔纳·阿尔诺（Bernard Arnault）将全球著名的皮件公司路易威登（Louis Vuitton）与酒业家族酩悦·轩尼诗（Moët Hennessy）于 1987 年合并而成，是当今世界最大的精品集团。——译者注

culturelle)。

作为商业模式的奢侈品

大众市场品牌可以从奢侈品交易中学到很多。传统营销通过充分利用大众媒体得以发展,也就是所谓的"定位"。换句话说,就是尽可能还原一个产品最显著的特征,使其能够脱颖而出。一个 30 秒的广告只能展现一个核心理念,选择一个理念意味着抛弃所有其他的理念。奢侈品品牌不需要作类似决定,它们涵纳了一切。

消费品品牌管理者竭尽全力做到"以消费者为中心"。他们从公司外部、从消费者处寻找灵感。但是,众所周知,客户不能够引领公司去做公司应该做的事情。这就是为什么营销唯一有效的方式就是由内而外地进行。现实情况是,一个新的成功的产品理念往往来自于品牌主管人员的直觉和个人天赋。这恰恰是在奢侈品行业中工作所需要的。品牌不会跟随客户,而是领先于客户。他们清楚,灵感来自于自身,来自于企业内部,而不是取自于外在。

另一个重要的因素是,奢侈品品牌擅长建立超于它们销售的实际产品之上的认知。香奈儿和迪奥不仅仅意味着服装和香味,在奢侈品业中,品牌先于产品。出于自身利益的考量,它孤立地存在着。但与此同时,没有其他任何一种行业产品对于品牌精神的塑造像时尚业这么重要。与其他行业相

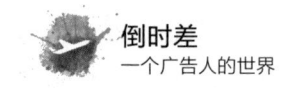

比，奢侈品的产品与品牌之间，互惠的能量不容小觑。

简而言之，奢侈品业的运作模式从本质上不同于包装零售产品行业。宝洁或联合利华一开始都是以家居用品企业的身份崭露头角的。它们为护肤产品打开了多元化的大门。如今，它们处于同一个奢侈品市场，通过购买顶级香水品牌进行竞争。宝洁和联合利华的工作人员竭尽全力地寻找市场中可增加的利润空间，即使这意味着更低的销售量。他们发现，奢侈品意味着差异化的品牌建设，他们深知在奢侈品业，品牌处于一张精致的参考网络的核心，复杂性是一种优点。

新想法来源于独特视角的分享，或走不一样的道路。奢侈品业正是这样。它的制作方法植根于历史悠久的传统，来自古老欧洲大陆的手艺。所有这些，都使得制作方法更加全面，避免单一。

我们做事情的方式是针对于欧洲，这种方式在时间的流逝中被不断打磨。正如你所预料的那样，巴黎商务会议中的群体动力与纽约的并不一致。动力来源不同，团队的想法也五花八门。很多想法都取决于你从何处开始，取决于你问了哪些特殊的问题，取决于个人和团体对于产品数年来的销售经验作出的反馈，取决于心照不宣的默契养成的直觉的共享。不论听起来有多么牵强，我坚信我们进入主题的方式，我们开拓新市场的方式是我们从欧洲跨越大西洋的最有力的武器，我见证了它每天如何运转生效。

Media arts ｜媒体艺术

"从 360 到 365。"

这个表达可以很好地描述我们最近工作的剧变经历。几十年来,广告人更偏爱"360",也就是 360 度的整合,这一表述是由奥美公司首次使用的。"整合"涉及我们协调每一种不同类型的传播方式的能力,这些传播方式包括:广告、公共关系、事件营销、客户关系管理、数字渠道,等等。对于品牌而言,面向消费者的声音必须统一。在这方面,奥美人可谓先驱,他们认为没有一个品牌可以例外,整合非常重要。此后,"360"的想法就这么遵循了下来。

跨越时间维度

很多年过去了,我们进入了一个新的数字时代。互联网提供了新的视野。现如今,不同的品牌宣传方式相互交叠,也

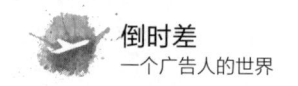

彼此丰富和完善。促销活动成为一种广告方式,在社交网络上引起媒体评论。这些不同的交互作用并不是偶然的,需要对其进行管理。

如今,工作节奏快到让人难以想象。10年前,年度广告计划非常重要,现在却很少按计划行事了。广告方案被不断地修正,现实每天都在发生改变,使得我们需要不断作出调整。我们的媒体环境,尤其是万维网,强迫我们即刻作出反应。所以问题不再仅仅是确保品牌在各种情况下始终如一,而是与我们的受众在一整年中保持对话。策划传播推广更注重即时性,即时间上的一年365天,而非全方位,也就是空间上的360度。

我们有一家分公司在这方面的实践中处于领先地位。阿迪达斯项目组中有超过120名全职员工在阿姆斯特丹工作,他们策划的阿迪达斯的主要活动遍布世界各地。没有其他广告从业者像这些人一样,具有这样的新闻敏感度。团队成员会聚集在一间墙上挂着超过15英尺长的日历的房间里,日历上列出了未来6个月中每一场重要的体育赛事。在品牌理念"没有不可能"的驱动下,每个团队成员都会思考怎样让阿迪达斯参与那些即将到来的赛事。面对橄榄球世界杯决赛,他们该做些什么呢?如果世界100米短跑冠军穿着阿迪达斯的鞋子,他们该说什么?他们也会浏览最近的赛事,针对已发生的事情作出一系列新的反应,就像报社编辑部的晨会一样。事实上,麦当劳前营销主管赖利·莱特(Larry Light)说,每个

Media arts | 媒体艺术

品牌都是一个等待被倾听的故事,你需要日复一日地传播。"品牌新闻"(Brand Journalism)是他使用的一个术语。

品牌生成编辑内容,即品牌所做的一切都可以推动其内容的产生。如果消费者产生了兴趣,对话就开始了。通常这会表现为现实与虚拟现实之间持续反复的交流。以一个发生在街头的事件为例,该事件被传到了互联网上,并且从网上又传回到了电视广告中。盛世长城(Saatchi)的 T-Mobile 活动正是这一形式的经典之作。活动通过移动电话联系了数百人,并且通知他们参与到伦敦利物浦大街车站高拱之下的专业舞者团队中。所有人一起依照编舞跳了 10 分钟,惊讶的路人也加入其中。视频即刻被上传到网上。相同的视频被剪切至 45 秒,成了一则移动电话的电视广告……这类互动发生在很多地方,一些活动可能触发了其他的活动,使得交互作用有组织地形成和展开,每次情形都不尽相同。

在时间维度中策划活动比在空间维度需要更多的想象力和创造力。它需要一种新的敏捷的智慧。它带来了欢乐的感觉,真正的乐趣在于看到错综复杂的情况,在于讲述一个从不重复的一波三折的故事。

从补充到颠覆

想要实现这些令人兴奋的新的可能性,需要一种新的方式来管理资源。我们将其称为"媒体艺术"。这里我指的不是

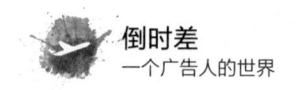

"媒体艺术实验室"，即我们在洛杉矶运行的苹果项目。我指的是一个不同的概念，一种针对我们每天在网络上的工作的每个方面的创新管理方式。"媒体艺术"这一名称由两部分组成："媒体"是因为分析各种媒体形式再次成为中心；"艺术"是因为关注和创新品牌与受众之间的每个接触点十分重要。我们喜欢将"优雅、巧妙"融入其中。

无论是苹果专卖店的建筑风格，还是更普通的宝路产品的包装，任何带有品牌名字的活动和表达都必须反映出品牌的理念。我们花了很长时间去说服客户改变它们，之所以坚持这么做是因为我们知道包装的重要性，而过去我们可能会觉得此事和我们无关。所以"媒体艺术"的表述对我们公司的每个人都是一个提醒：对于任何品牌而言，传播都如同链条中最薄弱一环那样至关重要。无论这个链条是一部影片、一个事件、一个网站、包装或者其他什么东西，"媒体艺术"简单、完美地描述出我们想要达到的目标。用正确的词语精确描述你试图做什么，可以给你更多的信心，可以让你的想象力自由地驰骋。

"媒体艺术"鼓励新的思考方式。我们的思考不总是从30秒的商业广告开始的，或许从一个交互式的想法或一个公共关系的运作开始会更有效。目前，创意的产生和呈现与以往已经不同了。或是通过社交网络，或是通过应用程序，有的是成千上万个新的发起对话的方式。所以使用何种媒体、何时使用这种媒体成为值得关注的事情，这是一个起点。我们

Media arts | 媒体艺术

需要细细地思考新旧媒体如何融入我们的生活。如果想要我们的品牌理念畅行无阻并达到预期的效果，则需要非常精确地了解如今的世界是如何消费和使用媒体的。

当需要订立一个新的传播方案，即一条新的品牌路线时，我们喜欢从"媒体艺术日"（Media Arts Days）开始，就像我们的"颠覆日"一样。我们用一组练习来思考一个品牌与公众交流的所有不同方式。这两种不同的方法是互补的。"颠覆"在前，它告诉我们品牌代表的是什么，理念是什么。媒体艺术在后，它定义了品牌将要做出的行为的方式。术语为"品牌理念"和"品牌行为"，这两者联系紧密、相互依存。

非付费媒体

当我们举办"媒体艺术日"时，我们的关注点之一是非付费媒体。几十年来，广告代理商专注于付费媒体，电视、广播、报纸、杂志、海报以及互联网均在他们的考虑之中。但是可以使用的还有很多其他的媒体。有时候，我们可以开发出品牌自己拥有的媒体。例如，铁路运营商拥有广告牌网络，苹果拥有苹果商店。这些都是独特的媒介形式。此外，一个品牌还可以生成自己的媒体。例如，iPhone应用程序的产生，士力架广播电台的创建，或者零售空间的创造，就像纽约第五大道上的宝路收养行动商店。当然也有真正的免费媒体，它们由围绕不寻常事件的公共或传统媒体产生。300家国际广播电视频道报道阿迪达斯在东京的一个屋顶组织的足球比赛,对于品牌的免费传播价值估计达到数千万美元。

我们现在将这些媒体分为四种不同类型,即付费媒体、自有媒体、创造媒体和免费媒体。我记得这是由一个美国人提出的分类方法,但忘了具体是谁。如今这种分类已经被行业所接纳。人们的思考模式也发生了转变。如今,媒体策划者认为非付费媒体与付费媒体是平等的。付费媒体(电视、报纸、广播等)可能仍然是不可或缺的,尽管它们依旧昂贵,所以它们都被视作其他平价媒体的补充。现在,我们经常思考诸如这样的问题:电视广告将如何使一个品牌网站的访问量剧增?有二维码的广告如何极大地增加商店流量?复合电影院中的广告是如何产生社交网络热议话题的?我们不再用相同的方式去思考传统媒体。如今,传统媒体被看作是催化剂。它们在媒体策划中并不总是领导因素,有时候,它们只是对整个策划起到强化作用。

谣言、八卦、热议话题不再仅仅是媒体战略的结果,而是上游部分。过去人们常常讨论"媒体影响",顾名思义,也就是事件发生后的结果。如今,就像 T-Mobile 的案例一样,一个事件实际上能够成为一个起点。记者、舆论制造者、领导潮流的人、消费者们关注这一事件,并且以此为起点让事件发酵。渐渐地,口口相传恢复了它的地位,在大众媒体就位之前,它重返了第一的位置。

你需要知道从哪里开始。我坚信一个事件即为一个起点。街头事件,例如德国电信的集体舞蹈;体育馆事件,例如佳得乐的重播赛事;东京屋顶事件,例如阿迪达斯的空中足球。事件是创意的源动力。它们创造出给予品牌能量方式的热议话题,在其冲击传统媒体之前。事件将品牌送入轨道。每一天,我们公司都在创造事件。20年前,情况并不是这样的。但荒谬的是,虚拟媒体的兴起导致现实生活中对等地发生了相同的事件。

当广告遇上街头艺术时,涂鸦艺术家用油漆在墙上或者其他任何能在街上找到的东西上进行创作。他们寻找地方来表达自己,这是他们自己的媒介。为了展示涂鸦艺术家们的作品,艺术馆有时也不得不损坏自己的墙面。当班克西(Banksy)在以色列和巴勒斯坦之间的隔离墙上画了一副梯子,当他在一座灰色工程建筑的某处写下了一个单词"无聊";当JR在里约贫民区的墙上画了很多女人的脸时,他们的艺术具有了政治性。这些艺术家将街头艺术变成了时代的印记。他们用自己的方式身体力行地实践着媒体艺术。

媒体艺术,它就像是为绝对伏特加创造的表达方式。绝对伏特加曾为媒体带来了艺术。25年中,我们为绝对伏特加产出了数以百计的广告。它们中的大多数是我们与艺术家共同设计的,有时甚至是艺术家独自设计。早在1985年,安迪·沃霍尔(Andy Warhol)和凯斯·哈林(Keith Haring)绘出了绝对伏特加的标签。许多既定的图像亦是如此,由肯尼·沙佛(Kenny Scharf)、乔治·罗德里各(George Rodrigue)、保

倒时差
一个广告人的世界

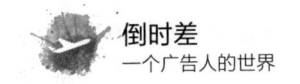

罗·沃霍尔拉(Paul Warhola)等艺术家设计。接着,绝对伏特加成了艺术活动的主要赞助商。活动的第一座雕塑邀请了法国雕塑家阿曼(Arman)来完成。第一个系列的时尚照片是赫尔穆特·牛顿(Helmut Newton)拍摄的。绝对伏特加广告中的衣服由戴维·卡梅伦(David Cameron)制作。绝对伏特加已经与让-保罗·高提耶、范思哲(Gianni Versace)、阿瑟丁·阿拉亚(Azzedine Alaia)、马克·雅可布以及很多其他设计师进行过合作。

多年来,所有这些艺术品都变成了绝对伏特加的收藏。绝对伏特加表现得就像一些不拘一格并充满热情的艺术品经销商。它庆贺过业界名流,也发掘过天才新人。我们给绝对伏特加做的广告被认定为艺术品,它们已经在世界各地的博物馆进行了展出。米歇尔·鲁(Michel Roux)成就了绝对伏特加,他成功地在全球塑造起了绝对伏特加的品牌形象。当记者就绝对伏特加的广告向他发问时,他说:"这已经不再是广告了,这是艺术。"

Nissan｜尼桑汽车

2008年6月的一天,卡洛斯·戈恩说:"从那些与我们相似的人身上,学不到多少东西。"

雷诺-尼桑联盟的首席执行官是一位真正的"世界公民"(citizen of the world),该词引自他几年前出版的一本书的标题。"世界公民"这个词很容易让人联想到"全球化"———一个让很多欧洲人焦虑不已的源泉。我来自于倾向把全球化视为一种威胁的国度。人们忘记了,全球化为欧洲企业打开了全球市场,同时,它也是过去20年生活水平提高的主要推动力。批评者并没有看到它的积极作用:全球化有益于促进世界各地的人们融合发展、建立人际关系、丰富彼此的生活。他们也低估了这样一个事实:多亏有互联网,我们才能够即刻接触到几乎全世界的知识宝库以及艺术品。2008年6月的一天,我们和卡洛斯·戈恩一起探讨了这些问题。我们让他在由300名管理人员所组成的观众面前回答罗布·施瓦茨(Rob

Schwartz)的提问。施瓦茨是我们公司的首席创意官。他们的谈论范围非常广泛，从汽车模型、设计、广告、互联网、全球化等一直到种族差异。

卡洛斯·戈恩对施瓦茨提出的"多样性"问题表现出极大的兴趣，他给出了回应："事实上，真实世界主要是通过差异被感知的。如果没有差异，就没有感知。你能够感知到不同，是因为它们本身就存在差异。你能够感知到色彩是因为它们颜色不一样；你能够感知到形状是因为它们本身就千姿百态。人类认知是通过对差异的感知实现的，所有的一切都建立在多样性基础上。人类进行多样性的实践体验由来已久，并习以为常，以至于忽视了其重要性。"他继续把这些观点应用到商业世界里，指出："我们知道可以利用'多样性'获利。然而，同时还存在着一个有关多样性的悖论，那就是人们并不喜欢多样性。人们喜欢寻求共同性，喜欢那些与我们类似的人、相似的说话方式、相近的思考习惯，只有这样人们才会感到自在。因而事实上，人们通过多样性认识世界，却通过寻求共同性获得归属感。"

在法国，多样性的概念已衍生出政治和社会的内涵，因为它常常被用作一种委婉语，来描述那些有着移民背景的公民。在国际上，这个概念唤起了创造财富的潜力，只有公司开始突破"孤岛思维"，来自不同背景、持有不同技能的员工才能聚集在一起工作。也就是说，"日本人不仅仅只和日本人在一起工作，工程师也不仅仅只和工程师在一起工作。"卡洛斯·戈恩说。

1999年,雷诺购买了尼桑36％的股份,从那天开始,日本和法国都开始喜欢上了更为多样的文化融合氛围。

平等的联盟

雷诺把尼桑从破产的危机中解救出来。在这种背景下,谈论收购、并购——至少是合并——似乎都是合情合理的。而卡洛斯·戈恩却避免使用类似的字眼。他深知保持两个公司各自的文化是长期成功发展的关键,这意味着对尼桑的真正认同。这就是为什么卡洛斯·戈恩如此积极地拒绝法国企图独掌领导权的尝试。

雷诺-尼桑联盟的结构,正如它的称谓,是独一无二的。它可能更符合当今全球化的发展需求,并顺应未来管理模式的发展趋势。两家公司都保持其独立性、股东和董事会。汇聚优势,借鉴差异,这是扩大公司规模的明智方法,并符合市场需求。如今,汽车制造商需要构建全球化的发展策略,提供尽可能广泛的汽车类别,大量投资使用清洁能源的汽车类型。大众市场的制造商很难生存,除非同时达到上述三个目标。要做到这一点,需要占据比以往更大的市场份额。在没有损失独特性的基础上,雷诺-尼桑联盟实现了规模升级。

刚开始的时候,大多数人是持怀疑态度的。一家法国商业周报的报道标题是这样的:"雷诺公司究竟会变成什么样?"

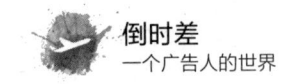

另一家汽车杂志说:"在接下来的 10 年里,该联盟不会产生任何利润。"其他人则称它是虚张声势。然而,次年,尼桑汽车就以一种令人难以置信的态势,从前一年 59 亿美元的亏损中走出来,创造了 21 亿美元的利润。随着时间的流逝,很多人认为卡洛斯·戈恩的工作仅仅是以一种空前的规模来削减成本。雷诺与尼桑的联合购买结构目前以每年 800 亿美元的规模运营着。但是,这不仅仅是一种规模经济,更重要的是,10 年之中为共同未来所做的努力,已经在两个公司间建立了相互信任的基础。

一天,我听到卡洛斯·戈恩说,雷诺和尼桑是一个平等的联盟,这是为了避免恶意收购。如果有第三个汽车制造商踏足其中,并且没有尊重具体的非支配协议的条款,那么推动雷诺-尼桑联盟运行的基本框架将会被打破,相应地,自 1999 年以来建立的价值观也会被摧毁。

雷诺-尼桑联盟不仅快速地进入盈利期,还迅速地创造了高销售业绩。到经济衰退期来临时,它已成为世界上第三大汽车制造商。几年以后,尼桑和雷诺成为第一个把电动汽车引入大众市场的制造商,并因此从竞争对手中脱颖而出。

在过去的 10 年里,这两家都曾是我服务过的公司,但主要是尼桑公司。你必须至少对它们之一十分了解,才能明白联盟保护各个公司独特性决议中的微妙平衡,及其对两个公司能够彼此学习的热切期望。在共享平台、机器、采购渠道以及质量管理的基础上,两个公司都清楚地意识到要想创造长

Nissan | 尼桑汽车

远的价值,就不应该舍弃每个公司的文化特殊性。

对伙伴的独特之处持有的真正尊重态度,使建立平等的合作关系成为可能。起初,雷诺负责提供资金,因此负有举证的责任。所以,雷诺释放出大量的信号。其中有两个例子:一个是当戴姆勒·克莱斯勒(Daimler Chrysler),尼桑的另一个潜在合作伙伴,坚持未来的股东协议应该符合德国的法律时,雷诺却同意将其提交给日本立法机构进行审核;另一个是卡洛斯·戈恩宣布如果尼桑的转型失败,他和他的整个执行委员会将辞职。这是一个有力的证明,也是关键所在:合作伙伴承诺会重组整个企业,但与此同时,仍旧保持对其原有传统和价值的尊重。这就是尼桑得以复兴的原因。

雷诺拯救了尼桑,但小心地避免扮演一个救世主的角色。雷诺通过这种方式巩固了联盟。但这个时代已成为历史。自1999年以来,发生了很多变化。从那时起,尼桑的销售量在世界各地迅猛增长,使得尼桑成为今天最大的和最成功的汽车制造商之一。对于横滨公司(Yokohama)的领导者而言,成长空间看起来似乎是无限的。结果是,联盟内新的平衡开始微妙地形成,联盟内的推动力量开始发生变化。

联盟面临着许多其他挑战,我就不一一列举了。但我想提及两个重要的问题:首先是要说服金融分析师该联盟背后的思考是健全的。市场倾向于对联盟不利,因为它是一个陌生的概念,没有其他的东西可以与之进行比较。另一个挑战就是重新设计管理制度,以确保联盟从它的创造者手中存活下来，这需要重新发明一种新的运作方式。

　　解决这些问题和挑战使雷诺-尼桑联盟成为未来公司的典范。从此以后，它将被视为一个先行者，一个积极、均衡模式全球化拓展的代理人。也只有这样，它才能经得起时间的考验。

改变

　　2004年9月2日，卡洛斯·戈恩在东京推出了六款新车型。在当天的演讲中，他补充道："'改变'是简单的词，但它准确地反映了已复苏的尼桑汽车的激情和承诺，并成为未来的驱动力。我们所接触的一切，都要改变。我们改变一切，尝试做得更好。改变涉及尼桑的方方面面。改变是我们的本质属性，也是我们的工作方式。改变是对每一个员工、供应商、经销商的挑战，让他们去重新定义自己的工作，并反思如何为客户创造更多的价值。"

　　在这个案例中，仅仅通过广告中介绍的"改变"这一个词，有时就足以清晰地表达品牌的内涵。这并不奇怪，因为我们的任务就是尽可能简洁、清晰地表达品牌的本质。

　　当史蒂夫·乔布斯1997年从"自我放逐"中返回苹果公司的时候，他将这项任务交给了我们公司。李·克劳和他的团队制作了一部名为《非同凡响》的广告片。这部广告片在帮助苹果公司重返辉煌的过程中起到了关键作用。在广告播出

Nissan | 尼桑汽车

的前几天,史蒂夫·乔布斯把它介绍给了一个IT分销商观看,乔布斯说:"很多事情发生了变化。市场与10年前相比已是天壤之别。苹果产品也今非昔比了,它的产品、销售策略和生产方式已经发生翻天覆地的变化。不过,价值观和核心价值,这些东西不应该改变。苹果所信奉的核心价值在今天同样适用。因此,我们希望找到一种方法来传达这一观点,同时,我也为我们所拥有的价值观而感动。我们的价值观中推崇那些改变世界的人。这就是《非同凡响》广告的主题:人们会纪念那些与众不同、推动世界向前发展的人。这就是我们的理念,它是公司的灵魂。"

我们的使命就是努力把委托给我们的品牌提高到一个更高的层次,这是我们的终极目标。有很多方式来描述如何提升品牌的层次。我们称之为愿景,其他人则称其为使命、野心、存在意义、信念、座右铭或目标,等等。百事的"野心"是"新一代的选择";苹果的愿景是"使人摆脱机器的束缚";"美体小铺"(Body Shop)的信念是"一个建立在不妥协基础上的企业";地中海俱乐部存在的意义是"为现代生活提供一剂解药";尼桑在全球各地统一用"变化"一词作为其座右铭;多芬给自己树立的目标是"展现各年龄段和各行各业女性的美丽"。

不同的广告代理公司或管理咨询公司,偏好的词汇可能不同,也许是"存在意义",也许是"愿景"或是"目的"。每个人可能都会声称这些词汇的内涵存在云泥之别,甚至是互不兼容。营销学专家甚至可以用一个学期的时间来证明他们所偏好的词汇优于其他。他们对此表现的固执甚至到了狭隘的地步，这使他们忘记了品牌的原始理念或无法获得新的见解。例如，如果百事选择了"信条"或"目的"，我不相信它会想出"新一代的选择"。一切都取决于如何实现一个主题。一些品牌可能适合谈论愿景或野心，另一些则适合信条或目的。当想象未来可能呈现的景象时，你也许想让思绪从一个选项巧妙地跳跃到下一个。就我个人而言，我认为用什么方式发现一个新角度并不重要，重要的是哪种方式能够使品牌价值获得提升，并且真地实现了升级。

新型汽车

迄今为止，尼桑经营过程中最引人注目的转变已经花费了40亿美元，这就是对电动汽车的巨额投资。或者就像尼桑的首席运营官志贺俊之(Toshiyuki Shiga)所说的那样，把宝押在"第一个为大众市场提供全电动化汽车"上。这一策略代表了尼桑和雷诺根本性的转变。这是它们历史上的一个决定性时刻。雷诺-尼桑联盟已经是公认的零碳排放车辆领域的领导者，并且打算在这个位置上持续保持10年。无排放、无燃气、无排气管，对于驾驶者来说意味着无噪音、无异味、无振动。

5年前，卡洛斯·戈恩就已预测出，到2020年，电动汽车将占市场份额的 10%，许多因素都可能会加快这个进程，如新的成品油价格的上调。而卡洛斯·戈恩的竞争对手不同意他的说法，他们预测电动汽车市场份额将维持在 1%—2% 左右，并且他们乐于将其预测结果告知所有感兴趣的人。但是，当尼桑推出了聆风品牌之后，情况发生了突变，变化始于加州高速公路。有些人的信念开始动摇。波士顿咨询公司发布预测，到 2020 年，电动汽车市场份额将达到 7%，到 2020 年或者以后，它们或将构成市场的 10%，毫无疑问，电动汽车正在迈向成功。

目前，在西方国家，即美国和欧洲，每一千名居民就拥有 600 辆汽车；而新兴国家每一千名居民平均只拥有 50 辆汽车。假如这些国家在未来的几年内汽车拥有量达到西方国家的一半，即每千人 300 辆，那么，所有汽车向大气层排放二氧化碳的数量将会成倍增加，地球将无法承受。世界各地的政府也深知这一点。去年，当英国首相戴维·卡梅伦采取大刀阔斧地削减公共支出的策略时，他依然决定维持对电动汽车制造商高额的政府补贴，他说："对于新技术和新环境的关注应是毫不迟疑的。"

就纯粹政治层面而言，电动汽车受欢迎，至少有两方面原因。一方面是电动汽车可以创造就业机会。汽车制造商突然需要曾经与其无关的学科的工程师，成千上万的化学工程师和专业电工也将加入他们的行列。因此，新的技术创造了长期的就业机会。另一方面关键原因是政治家的目标在于削减财政赤字,特别是维持贸易平衡。电动汽车将取代国家和地方能源,如太阳能、核能、风能、进口石油。正如卡洛斯·戈恩所言:"它符合我听到的众议院新多数派所提的两个优势。"

在 2009 年 8 月 2 日,尼桑在横滨设立了新的总部。一位神道教祠官应邀前来进行祝福,以抵御负面精神的影响。所有的人都在等待卡洛斯·戈恩为尼桑聆风揭幕的时刻。这是尼桑员工、记者和大众第一次看到这款车。这次活动成为每家电视台的头条新闻。那一天,我在横滨。我知道这是历史性的时刻,我知道尼桑作为第一个把电动汽车带到大众市场的公司,将永远被铭记。它将会成为一个先行者。

主要的创新,如零排放发动机,带来了一系列连锁的变化。聆风汽车从它的制动系统中回收能量。人们可以使用应用程序来检查电池电量,以及使用移动电话或计算机来遥控制热或者冷却汽车内部。此外,还有一个可选附件太阳能电池板,位于后扰流板上,为汽车配件充电。在我们推出的广告中,这部汽车是如此与众不同,如此新颖,我们称其为"新型汽车"。有些广告片展现了一只北极熊通过部分融化的浮冰,行千里路,去感谢电动汽车的车主,并给了他一个深情的拥抱。另一部广告中,实力卓越的自行车运动员兰斯·阿姆斯特朗(Lance Armstrong),几年的时间中都跟随在行驶的汽车后面,以此对他生平第一次可以在清洁的汽车后面行驶表示赞扬。没有尾气,空气清新。

电动汽车意味着很多事情将会改变。司机将不得不习惯于在一百英里以内的范围中行驶,评论家会探讨"里程焦虑"问题。但碰巧的是,90%的美国人每天开车都不到一百英里。平均而言,他们每天使用6次汽车,每次行驶10英里或更短的路程。司机们也必须习惯一种新的商业模式,类似于手机的。他们会买车并租汽车电池,就如同一个人买了电话设备,然后按照时长进行租用。司机将需要学会使用大城市和州际公路沿线的高速公共充电站。他们将不得不采用新的驾驶方式,这种体验与驾驶一辆装有内燃机的汽车差异很大。电动汽车的能量传输非常自由。加速器将能量直接传输给发动机,驱动器和轮毂之间没有其他东西。驾驶这种汽车带给人们一种完全不同的感受。

在欧洲、亚洲,乃至全世界,尼桑聆风均被评为年度风云车。2011年4月,《快速公司》杂志全球前50名最具创新力公司的排行榜中,尼桑排在第四名,位于苹果、推特和脸书之后,但排在谷歌、IBM、亚马逊、耐克和微软之前。除尼桑之外没有其他的汽车制造商上榜。排行榜刊登时,《快速公司》采访了卡洛斯·戈恩。记者问及了一些尼桑员工的疑惑。卡洛斯·戈恩回应道:"我们必须解释为什么电动化在汽车行业有如此巨大的前景。人们需要感受到激情、愿景、决心和专注。我并没有说这是一件容易的事,这将是一个挑战——但如果有人能做到这一点,我们也可以。"

事实上,正如《快速公司》所说的那样,尼桑汽车的CEO已经证明了批评者的眼光是多么狭隘。电动汽车给了35万尼桑员工一个巨大的动力，他们为之自豪且备受鼓舞。更好的是，聆风重新关注于品牌。尼桑公司负责北美市场销售和营销的高级副总裁布莱恩·卡洛林（Brian Carolin）很清楚这一点，他说："对我来说，最大的奖品就是'我如何利用聆风建立和完善尼桑品牌'。聆风给我们的灵感就是一个清晰的概念，即我们代表什么。现在，我们有了一个概念，我们代表创新。"

相较其他类别的传统汽车而言，聆风把主要目标聚焦于价格竞争优势。这将继续适用于尼桑和雷诺未来的电动汽车车型。目前仍需要政府补贴来降低销售价格，但在未来，规模经济将推动电动汽车真正具有竞争力，销售量将达到每年50万到100万辆。这就是联盟的目标。事实上，尼桑汽车一直表示，每一种模式，无一例外，必须是有利可图的。卡洛斯·戈恩说得很清楚："聆风将是尼桑公司有史以来最赚钱的产品之一。"

刚开始，很多记者和潜在客户无法消除他们的怀疑。但现在已经不再如此。当尼桑公司展示了旗下产品不容置疑的变化时，其宏观愿景是有力的，并且它们的可信度每天都在增加。尼桑的电动汽车正逐渐成为一个象征：它不仅代表了单个汽车制造商的重要转变，也代表了一个行业整体的转变。

最重要的是，这是一个我们即将见证驾驶者行为方式重大变化的标志。正如卡洛斯·戈恩告诉《国际先驱论坛报》

(*International Herald Tribune*)的那样:"还有其他类型汽车的需求。这不是二者择其一的问题,而是电动汽车的车主将不会再一次购买另一种类型的汽车了。"

Online | 互联网

"西尔维奥·贝卢斯科尼(Silvio Berlusconi)被网络困住了。"

意大利政府首脑在米兰地方选举中失败,几天后,法国《世界报》(*Le Monde*)官方网站上这样写道。随后,其又败于水资源和能源的全民公投。反对派取得成功,这在民主制国家还是较为少见的。96%的人反对水资源私有化;94%的人反对恢复核能发电。

曾经通过控制主要电视媒体渗透到意大利社会每个角落的政客们如今却被互联网和社交网络打败了。网民关于全民公投的评论和分析铺天盖地,关键的对比数据被公布到网上,网络上还流传着讽刺和抨击党派观念过时的视频。贝卢斯科尼垄断政坛多年,通过其政党操控整个意大利政治体系。这次,互联网让他大感意外。一夕之间,高层下达的指令不再被遵守。政治分析家、新媒体专家阿尔贝托·康特里(Alberto

Contri)评论道:"这两次选举事件标志着一个世界的终结。公民 S. 贝卢斯科尼的政治和商业帝国已经灭亡。互联网很直白地告诉我们:'皇帝没有穿衣服。'"

几个月后,主权债务危机剥夺了贝卢斯科尼所剩无几的信誉,迫使他辞职。

意大利有 1 800 万脸谱网的用户,全球范围内有 9 亿。因此,脸谱网经常被比作"第六大洲"。脸谱网排名第二的克里斯·考克斯(Chris Cox)的名片上写着"白天的工程师,晚上的社会学家"。一到晚上,他就试图研究脸谱网引起的浪潮。

脸谱网连接着不同代际的人们。我们这一代人通过脸谱网联系近半个世纪未见的同窗好友。大多数 50 多岁的人在使用脸谱网的时候,仍然觉得自己像是一个不速之客。超级岛学院(Hyper Island)是一所瑞典的大学,它以数字经济学培训课程而闻名。超级岛学院的教授提出了一种被世界学术界广泛认可的代际划分方法,即划分为"数字原住民"(digital natives)和"数字移民"(digital immigrants)。"数字原住民"年龄都在 25 岁以下,出生和成长在一个数字化的时代;"数字移民"则在出生后才迎来数字时代,所以他们身上永远都会存在着"移民"的印记。

科学家已经证实"数字原住民"的大脑思维与往代不同。在幼年时,他们的神经元连接即已根据新的"协议"建立了。他们的突触回路以一种新的方式配置,思维结构一般是树形而不是直线形。这种结构便于他们在同一时间思考多种不同

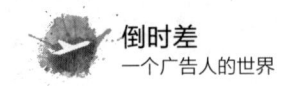

问题，这是一种适用于多任务处理的思维特征。数字化实践在他们的幼年期就开始了，这对其思维结构的形成起着至关重要的作用。乔尔·德·洛赛（Joel de Rosnay）在巴黎经营着一家科技博物馆，他是"共生理念"（symbiotic man）的倡导者，认为人类在电脑的影响下将会发生物种的变异。

我们处在一个指数式增长随处可见的年代。现在，一个iPod的处理器比1969年美国宇航局将尼尔·阿姆斯特朗（Neil Armstrong）、迈克尔·柯林斯（Michael Collins）和巴兹·奥尔德林（Buzz Aldrin）送上月球所使用的技术还要多。数据处理的能力增长得越来越快。《纽约时代》称，到2050年，同样的iPod能够压缩存储3 200万册书籍、7.5亿篇报刊文章和学术论文、2 500万首歌曲、5亿幅图像、50万部影片、300万集电视剧或纪录片、1 000亿个网页。一切都将变成虚拟的。数据将吞噬万物，人们千百年来所创造的一切全部会被"1""0"代码所替代。

痛苦的蜕变

数字革命迫使工业，尤其是服务业更新思维模式。然而，少有行业能适应来自数字革命的挑战。起先，一些广告人试图淡化数字化所带来的影响。诚然，互联网是最主要的新媒体，并且它正试图承接电视媒体曾经发挥的一些作用，就像电视媒体在50年前替代广播那样。他们认为已经有20%到

25%的人转向互联网。对这些广告人而言,互联网只是众多媒介中的一个选择而已。他们从未想过,互联网能够衍生出成百上千的媒体。

时过境迁,广告人已经无法回避眼前的现实。他们产生了新的焦虑:他们惧怕错过最新的变革、最新的科技飞跃。他们需要与时俱进,需要在晚上上网去获取必需的最新资讯。他们总是"在线",永远跟随着科技创新的时间表。夜晚对他们来说是如此漫长。

现如今的广告专业人士有时像医学教授,浏览《新英格兰医学杂志》(*New England Journal of Medicine*)和《柳叶刀》(*Lancet*)杂志,以获取最新的医学发展资讯;他们有时也像律师,研究司法审查判例;同时,也像物理学家一样,研究学术界的最新发现。我的一些同事尚未适应上述新要求和新压力,他们还生活在"创意为王"的保护伞下。时至今日,他们必须学会简单的软件和程序应用;同样,还需要懂得怎样组合和搭配数据,需要懂得如何管理电子商务进程的各个阶段,等等。当前的世界已经变得越来越复杂,对精确度有了一定程度的要求。我们需要的不再仅仅是广告的想象力,还需要严谨的分析能力。

在前面的章节,我提到过阿姆斯特丹的"180",它是我们跨国广告公司中的一个机构,由克里斯·门多拉(Chris Mendola)掌管。5年前,为满足客户阿迪达斯的要求,门多拉将他的机构进行了"数字化"改造。阿迪达斯市场营销部的新

倒时差
一个广告人的世界

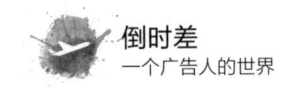

负责人是一位年轻女士,她有在互联网公司的从业背景。她决定停止所有传统媒体的广告投入,并要求"180"与一些专业数字广告公司,即所谓的"纯玩家"同台竞争。"180"成功了,但付出了较高的代价,120名员工中的40名需要更换。事实上,就在几年前,"180"在戛纳广告节上曾被评为"全球最佳年轻机构",其员工的平均年龄只有28岁。但尽管如此,为保持与时俱进,它不得不失去他们中的三分之一。

TBWA公司约有员工12 000人。克里斯据此简单地算了一下,说:"在不久的将来,四五千人将不得不离开TBWA……"其实,广告行业的人员流失率大概是每年10%—15%。所以,一个公司每5年时间就会更新一半的员工。问题是,无论是TBWA公司或其他公司都不可能等待那么长时间。所以,变革的过程注定是痛苦的,"数字革命"没有委婉语。

变革的最佳时机

变革的时机确实存在,好的时机意味着一切。在谷歌、脸谱之前,许多其他类似的企业失败了,因为它们过早地出现在市场上。例如,社交网络最早实际上是1995年由校友网(Classmates)发明的。接着,1997年《快速公司》杂志的社交网络诞生了,名为"朋友们的公司"(Company of Friends)。2002年,它被Friendster公司收购,但最后还是失败了。然而,脸谱网却生逢其时。2003年脸谱网仅为哈佛大学提供校

Online | 互联网

内服务；到 2006 年，它已经发展成为一个全球性的网络公司。

在数字世界中，潜力如此巨大，以至于有时供给往往超过了需求。这就是 21 世纪初产生互联网泡沫的原因。供给和需求的脱节导致数字经济被高估。当人们意识到市场供大于需时，一切都崩溃了。我们需要在自己行业的缩影中好好反思，以避免再造互联网泡沫。如果消费者不是真地需要永久的地理定位，或连续不断的电子代码使他们的生活不快乐；如果在脸谱网上"喜欢"一个品牌仅仅是一个临时的行为，远远不是所谓的"参与式营销"；如果想要建立品牌和消费者之间持续对话的愿望过于雄心勃勃……面对上述问题，我们该如何是好？不是所有的品牌都有后劲，很多后继者可能做得更好。

数字技术带来了一场经济革命。它已深刻地改变了我们的行业，但是我们还无法完全掌握它。广告人与他们的客户总是热衷于新的增长源，却没有真正掌控他们已经设计出的新式活动的结果。明略行公司（Millward Brown Consultants）的咨询主管认为广告代理公司蜂拥进入新媒体市场，导致新媒体业出现"非理性繁荣"。也正是这种假象导致投资者把信心投在了一个他们尚未完全理解的金融工具上，从而造成泡沫。

数字世界已经超载。品牌从未有过如此多接触消费者的方式，却越来越难以有效地接触到消费者。品牌需要更缜密地思考自己的数字"生态系统"，需要在娱乐、对话和服务之间

159

实现更好的平衡。内容信徒更注重娱乐方式,而社交网络信徒更偏爱对话方式。但在数字世界,品牌的未来也孕育在服务之中。这就是为什么制造商开始考虑添加"增值服务"。耐克或帮宝适还可以提供什么增值服务?在耐克公司的网站上,跑步者可以与他们现实生活中的朋友比较他们的运动表现。帮宝适有一个名为"你好,宝贝"的应用程序,可以让孕妇监测她们的孩子一天天地成长。市场营销的未来存在于为客户提供服务之中。

真正的数字化革命尚未发生。当新的技术与我们的生活方式相匹配,以一个自然的方式契合我们的生活时,数字革命就真地到来了!现实与虚拟现实将形成一个新的联盟,创造并提供新的服务。韩国的乐购虚拟超市是一个很好的例子,地铁海报上展出的产品与实体店里货架上的相同,并印有二维码。在上车前,用户可以用手机扫描、下单,他们的订单会在当天晚上就送到家。韩国人现在可以在地铁进行超市购物活动。

韩国首创的范例为我们展现了未来商店的雏形。创建适合移动设备的内容,可以为消费者提供任何商品选择,从包装商品开始。由弗雷斯特公司(Forrester)进行的一项研究揭示了消费者行为方面的重要变化:用户在移动设备上搜索后,线上每消费1美元,线下就会消费6美元。因此,我们在未来的作用将是找到所有连接在线内容与销售的可能途径。

随着交互电视的发展,企业和品牌很快就能让客户体验

Online | 互联网

到购物前、购物中和商品售后的真正革命。美国购物营销专家称这种新流程为"数字化销售",是"数字化"和"零售"的结合。目前,冰箱已经可以识别你最喜爱的品牌的缺货状态,并自动辅助下单。冰箱供应商将发邮件让你确认订单,尚存争议的增强现实眼镜使你在挡风玻璃上就能阅读这封邮件。我们的生活越数字化,现实与虚拟现实之间的分界线就越小,直到毫无分界线。

未来的重量

互联网已经证明了一个新的空间可以自然而然地有机发展。这个新空间在那些发明它并每日与之休戚与共的人之间水平、互连互通地拓展着。数以百万计的创举和实验都被用来不断巩固这种水平拓展模式。美国前副总统阿尔·戈尔(Al Gore)1991年发布的白皮书对互联网的发展具有推动作用。白皮书提出了将政府服务、医院和学校进行互连的设想。20年后,凭借网络的力量,10亿台计算机得以相互连接。在法国,近10万名初中教师通过网络交流"最佳实践"和创新教学方法。互联网鼓励水平模式的交流,它使通信成倍增长。如果法国集权、专横的教育部可以加入网络,那么互联网可以克服任何障碍。

这种新的自由交流已经延伸到企业。在企业中,社交网络允许所有人自由表达意见,没有过滤,没有分级控制。如今,老板可以通过脸谱网或推特与员工交流,这比员工会议更高效。脸谱网为人力资源管理部门提供了新的招募方式。个人的创造力和个性是很难在面试中进行评估的,但在未来雇员的脸谱网页面上却可以得到清晰呈现。反之,一个应聘者也可以通过公司的脸谱网或推特页面了解未来的雇主和企业。这一切比以前都方便得多,员工与雇主拥有平等的起点。随着时间的推移,社交网络将在商业环境中越来越有影响力,它们将创造新的社会关系。

因此,在数字化时代,公司的内部关系将被重建。这也将加快科技进步。当前面临的挑战证明,未来正在给现在施加重压。目前计算机的能力决定了下一阶段的发展水平。今天的计算机可以实现的模拟和建模水平,在10年前是难以想象的。绿色技术、基因研究、纳米技术的进步,甚至是信息科学与生命科学的结合,这些都将取决于计算机的能力。数据处理能力呈指数增长将需要面对潜在的风险。历史长河中所有的科学发明,都是在产生需要时应运而生。从这个角度可见,因特网远不只是我们日常生活中的附加元素,它代表了人类为了生存不得不进行创造。它的出现是必不可少的,是一种历史需要。

埃德加·莫兰(Edgar Morin)是法国最著名的哲学家之一。他说,我们本世纪面临的主要挑战,是发展我们建立更多知识分支之间桥梁的能力。跨学科技能,使不同领域的专家在一起工作,这需要的不仅仅是一个实验室、一家公司、一个国家。在德国汉堡爆发的引起流行性食物中毒的细菌,更确切地说两种细菌的混合体,短短几天后在中国的基因工程实验室得到确认。今天的进步将是全球专家的即时交流的结果,这只有借助互联网才能实现。一篇文章等待两年时间,以期通过《新英格兰医学杂志》汉语学术专家的评审发表,这都是过去的事情了。当代思想的发展在互联网上可实时获取。互联网不能去除复杂性,但可以弱化复杂性。

横向性、复杂性以及融合是当今现实社会的核心关键词。这三者既相互区别,又存在一定关联。当一位弟子对孔子的知识水平感到惊讶时,孔子这样说道:"我并不是掌握了渊博的知识,我只是用一个中心事理贯串了它们。"[1]

---

[1] 见《论语·卫灵公》:子曰:"赐也,女以予为多学而识元者与?"对曰:"然,非与?"曰:"非也。予一以贯之。"——译者注

Procter & Gamble｜宝洁

"请保持耐心。"宝洁首席执行官埃德·阿兹特（Ed Artz）说。

我遇到过5任宝洁公司首席执行官，埃德·阿兹特是其中第2位。他可能是宝洁辛辛那提总公司负责人中成就最辉煌的一位，而总公司是一个更注重明文规则而不是天赋的地方。

阿兹特带领宝洁进入美容产品市场是一个转折点。早在20世纪80年代，公司便开始从日用品领域转战护肤品市场，公司品牌从汰渍延伸到了玉兰油。宝洁已经厌倦了与对手联合利华和高露洁争夺百分之零点几的市场份额竞争。这样的竞争几乎无利可图。在同一家超市里，日用品与琳琅满目的护肤品虽然只相隔几排货架，后者却能带来更高的利润。与洗衣液相比，女人们更愿意把钱花在面霜上。她们更希望扮演年轻漂亮的女人而非勤劳的家庭主妇的角色。这就是大众消费品市场的内在规律。虽是付出同样的努力,但护肤品带来的利润会高于日用品。

那天,阿兹特正凝视着一瓶香水,这瓶香水的品牌是他刚从一位年轻时尚设计师那里收购来的。我与他相处的时间有整整一个小时,但在这段时间里,我们的话题仅限于护肤品和香水。与这位来自宝洁的 CEO 讨论此类话题是我没有想到的,要知道它是一家售卖洗涤剂和洗衣粉的公司,并通过比较广告和产品演示广告成功赢得了市场。

之前说过,当时我们刚刚收购了纽约的韦尔斯·里奇·格林广告公司。它在运营着宝洁的一些大项目,不过仅限于美国境内,并未进入国际市场。而我们则在大约 15 个欧洲国家,还有包括新加坡在内的一些亚洲城市拥有广告代理分公司。将这些广告公司与这家美国广告公司合并,以集团形式运营,可以增强可信度,同时还能达到更大规模的传播效果。1992 年,并购之后的广告公司联盟 BDDP 入选了《广告时代》全球广告公司 15 强名单。我们认为,既然品客薯片和玉兰油这两大品牌在美国国内是由韦尔斯公司代理的,那么它们很快也会选择由我们公司来拓展国际市场。这看起来似乎是顺理成章的事。这也是我们以天价收购这家纽约广告公司的原因。在我们看来,代理国际品牌的机遇千金难买。

我把这个想法告诉了埃德·阿兹特,他的回答是:"请保持耐心!"这句平淡的话语其实颇有深意。当然,阿兹特希望我们能在纽约大显身手。但我却被"请保持耐心"这句话给弄

倒时差
一个广告人的世界

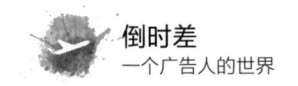

糊涂了。我原先毫无疑问地认为，只要我们能在美国国内跟上节奏，就自然能争取到宝洁的全球订单。事实证明，我们不仅跟上了节奏，而且做得非常好。在接下来的六七年中，宝洁每年都对合作的广告代理公司作了极其详尽细致的评估，我们公司一直被评为年度最好的两家之一。运营两年后，我们更是跃居首位。在这种情况下，我变得越来越自信，认为事情迟早会朝着我所预期的方向发展。后来，宝洁的确有了动作，只是并非如我所料。事实上，宝洁的决定与我们之前的预期完全相反。

1997年，我们公司纽约分部有多名为宝洁项目工作的员工离职。宝洁管理层对此颇感不悦。在其与我们公司的运营经理会面时气氛不佳。时运也很背，当时恰逢宝洁正在评估与广告公司的合作关系。宝洁在美国国内雇用了3家国内广告公司，在国际市场雇用了4家大型跨国广告代理公司。为了增强在各跨国广告公司中的影响力，他们决定将全部广告预算合并投放到这些公司中。这样做的结果，就是他们中断了与包括韦尔斯·里奇·格林在内的3家国内广告公司的合作。我们投入了数亿美元，甚至包括一些私人资金，就是为了能有机会从宝洁的国际广告市场中分一杯羹。我们花费了数年时间去学习和了解这家公司，并与其建立关系。但付出的巨大精力最终付诸东流。这对我们来说是致命一击，直到现在我们也没有从打击中恢复过来。我们把宝洁视为自己的第一家客户，下决心拿下它的固执心态最终使我们自己走投无路。

我想起了马克·吐温曾说过的一句名言:"让我们陷入困境的不是无知,而是看似正确的谬误论断。"

冲突管理策略

1971年2月,我开始踏入广告业,在碧浪洗衣粉项目中担任客户经理助理一职,当时这个项目刚刚启动两年。在那时,碧浪就已经是市场的领导品牌了,并且一直保持到40年后的今天。

一家为宝洁服务的广告公司是不能同时为联合利华或高露洁工作的。这种不相容的状态使得广告商必须阐明规则,并且由每家企业各自以"冲突管理策略"为名公布文件。这种文件包含了大量章节,来涵盖各种各样、数目繁多的冲突实例。随着市场重叠状况的加剧,这种文件也日益复杂。我想说,冲突管理策略从头到尾地塑造了BDDP,至少我想不出有其他因素能对BDDP产生如此深远的影响。我们买下韦尔斯·里奇·格林广告公司后,不得不取消了与高露洁和联合利华在多个欧洲国家的合同,而当时这些合同为我们公司贡献了10%的营收。在我们构建广告代理网络的过程中,凡是为宝洁竞争对手服务的独立广告公司,不管它们多么出色,我们都不得不放弃与其结盟的机会。我记得在德国、西班牙、荷兰都出现了此类问题。收购的机会变得越来越少,到最后,我们不得不接受一些不太理想的合作伙伴。公司增长的速度减慢了。

但在其他情况下，冲突管理策略对我们是有利的。它可以避免银行把我们的股份出售给某些我们不愿意并入的企业集团。例如，我们成功避免了新的投资人把公司卖给为联合利华服务的 WPP。当 WPP 的首席执行官马丁·索瑞尔坚持要收购我们时，我写信告知他，如果他执意吞并我们，那么必须面对哪些客户不相容的问题。同时，我也没忘记建议他把这封信转发给其公司的所有董事。就这样，我们摆脱了 WPP 的收购。

在接下来的时间里，我时常前往辛辛那提出席会议、发表演讲，也时常到日内瓦参加头脑风暴。随后我们加入了 TBWA 广告联盟。不久后，Integer 公司加入了我们，它是消费市场营销的领导者，也是宝洁公司的主要合作伙伴。最近，在广告业务方面，我们赢得了 Pur 公司的美国业务和伊卡璐 (Clairol) 的全球业务。这只是个小小的开始。1992 年我的事业开始起步，并懂得了一件事：保持耐心。

市场营销学校

我曾经很想知道宝洁独特的知识体系从何而来。《哈佛商业评论》始终把宝洁称为市场营销领域排名第一的标杆公司。我认为宝洁的成就植根于公司对严格理性原则的不懈坚持。我不知道还有哪家企业能像宝洁一样如此重视客观事实，每一项决定都必须完全建立在事实基础之上。这或许是一种痴迷，当然也会产生问题，它使人们在工作中总觉得没有事实依据的东西就是不存在的。尽管如此，宝洁仍是一所神奇的市场营销学校，在那里你必须区分什么是事实，从而在扑面而来的信息洪流中找出真相。

没有哪家公司能像宝洁一样对广告业产生如此深远的影响。首先，保洁每年的广告预算规模达近100亿美元，这也令其成了世界上最大的广告主。第二，为了实现媒体投资的最优化，保洁始终致力于寻求更好地理解广告营销的运行机制。他们在130年前就创立了第一个大众市场品牌，并发明了品牌管理制。他们还制定了电视广告基本原则，其中最重要的是如何在通常为30秒格式的广告画面中，向消费者展示一个单一的卖点。宝洁确立了多种讲故事的广告模式：证明式、展现式、生活片段式。宝洁在美国媒体公司的蓬勃发展中扮演了重要角色。现在，他们正全力支持将所有传播方式进行整合，并在这方面设立了开拓性的机构。他们是互联网广告的先驱，旗下所有品牌均积极利用互联网带来的无数新机遇。最后，在制定广告公司报酬标准方面，宝洁也比其他公司更具影响力。

除此之外，宝洁最近还下决心朝着创意广告转向，这实在超出人们的意料。多年以来，宝洁公司的广告表现已经形成固定和刻板的模式，但现实已经改变，他们明白这一点。枯燥

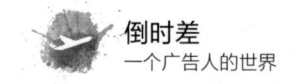

无味的信息只会被受众忽略和跳过。旧的广告模式是不断进行重复,重复出现的次数越多越好。在过去,创意只是非必要的补充。30年来,它一直就是个点缀而已。宝洁曾认为创意在很大程度上具有偶然性和不确定性。如今,它和其他大公司一样,明白了要设法吸引住人们,而不仅仅是让他们信服。我们需要取悦消费者而非仅仅叫卖。

在宝洁最近所有的广告中,男性护理品牌"老香料"(Old Spice)的广告活动恐怕是其中最好的案例。它现在已经成为一种文化现象。"男人就该有男人味"(Smell like a man, man)的广告语已经成为所有脱口秀节目里的口头禅。在广告中体现男人气概的主角一夜爆红。每个广告节都收录了这段广告,每组评委都授予其大奖。另一个精彩案例是宝洁为上一届冬奥会所拍摄的广告宣传片(画面如下):在比赛开始之前和结束之后,运动员脸上紧张的神情始终显而易见,走动换位时如此,集中注意力时如此,看地望天时如此,靠近起跑线、紧盯竞争对手时也是如此。这些画面与运动员母亲们焦虑或骄傲的神情相互穿插。这段广告片的亮点在于你所看到的运动员不是成年人,而是8—12岁的孩子。他们完全模仿年长运动员的姿态和紧张到抽搐的情绪。事实上,这段广告片就是让孩子们像成年运动员一样比赛。45秒的画面中,在妈妈们不间断的注视之下,孩子们赢得了平行障碍滑雪、20英尺旋空花样滑雪、400英尺跳台滑雪等比赛,宣传片随后得出了一个言简意赅的结论:"在母亲眼里,他们永远都是孩子。

宝洁,母亲的荣誉赞助商。"网络评论家们将这段广告片评选为冬奥会最佳企业宣传片。

长期以来,创意只是地方性小公司所使用的一种策略,对于跨国大公司来说则只是一个可选项。小公司的才智强化了"小而美"的观念。但最近 10 年来,宝洁正引领着觉醒的大公司加入这股大潮。每年,《创意》(*Creativity*)杂志都会为广告商评出创意排行榜。现在你可以看到有相当数量的大型公司排名在前 10 位。10 年前,你绝看不到宝洁公司出现在领奖台上。而如今,公司的规模和创意已不再相互冲突。

大而美

在 2008 年戛纳国际广告节上,大型公司赢得了奖项。尤为引人注目的是宝洁公司,它被评选为年度最佳广告主。我受邀为纪念这一荣誉发表主题演讲。我的演讲标题为"大而美"(非原创,我得承认),来向宝洁对于创意所表现出的浓厚兴趣致敬。

在某种程度上,宝洁就是跨国公司的代表。它拥有上百种品牌,其中有 23 种每年创收都超过 10 亿美元,如帮宝适、汰渍、玉兰油、佳洁士等。在接下来的 5 年中,公司的目标是新增 1 亿名新用户。这是一项了不起的任务,要知道这等于每天增加 50 万名新用户。

我之所以决定把演讲主题定为"大而美",目的不仅仅是庆祝宝洁刚刚确立的创意能力,更重要的是赞扬它近年来一系列的项目,这其中很多是慈善行动,这些行动引人注目。例如,宝洁正在分发"净水包",里面装的产品能在数秒钟之内把10升含有潜在致命毒物的脏水净化为干净水。只要有人在美国购买了 Pur 牌净水器,他们就会领到一个"净水包"。自2004年起,Pur 和它的合作公司已经发放了相当于近20亿升饮用水。你有必要了解一下下面这个故事:曾经有一个年轻的宝洁经理,在非洲集市上演示净水包的效用。他把这东西倒入一个装有污水的油桶,这桶水已经被各种脏东西所侵染。净化完成之后,他取出一杯水递给围观的人,但人们常常要求他第一个试喝。不便拒绝,他便喝了,相当勇敢!

在2005年卡特琳娜飓风肆虐之后,宝洁推出了汰渍"满载希望"(Loads of Hope)公益营销活动,为这场自然灾害的受害者提供免费的自助洗衣服务。装有洗衣机的卡车从一个社区开到另一个社区。2011年,在造成严重破坏的日本3·11大地震的善后服务中,宝洁再次发起了这一活动。宝洁还通过女性护理用品品牌"Always"的一个项目,来帮助非洲女孩,让她们在经期也能继续上学。宝洁旗下的玉兰油品牌也投资开展皮肤癌领域的研究。联合利华在这方面也丝毫没有松懈,其旗下的多芬已经开始了针对厌食症的研究,目的就是要告诉世人:无论年龄体重,每个女性都是美丽的。正是由于宝洁和联合利华运作的规模如此之大,很多有关的项目才会变得举世瞩目。宝洁旗下的帮宝适正在为非洲的怀孕女性分发数百万支破伤风疫苗。这是与联合国儿童基金会合作的项目,据说已经拯救了成千上万的生命。相关纪录片已经制作完成,片中展现了护士徒步10英里赶去偏远农村为母亲注射疫苗。

人们对上述活动的看法不一。一些人认为这不过是一些谋利的伎俩,为的是更好地推销产品而已。但是,这种思想正在发生转变。公众的态度已经产生巨变,每一个人最终都意识到了我们这个时代的问题。在会员项目中,大多数母亲更愿意协助参与分发疫苗,而不是接受优惠券或积点。毫无疑问的是,公司越大,生意就越大,能投入到拯救生命方面的资金也越多。慈善行动正在很大的规模上展开,这就是我所说的"大而美"的含义。

大公司所产生的影响往往超出它们自己的认识。在世界上最大的100个经济实体中,49个是国家,51个是大企业。大公司创造了巨大的财富,利用这些财富来帮助弱势群体是明智之举。世界面临着紧迫的问题,我们需要利用这笔财富。

2010年11月,我受邀在辛辛那提的一个研讨会上发言。听众包括来自宝洁的300名高层经理。我很高兴我能出现在那里。在40年之后,我终于又重新回到那里。我讲述了关于苹果、宝路、尼桑和百事的故事,也包括宝洁旗下的品牌。接着,我总结道:"我们正在经历的经济危机不仅损害了各大金融机构的声誉,也损害了整个商业界的声誉。宝洁是为数不多仍在努力帮助世界各地人们的公司之一。你们有义务让人

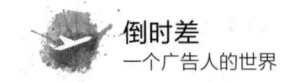

们知道像你们这样的公司所扮演的重要角色,在你们力所能及的范围内。你们能够让60亿人看到大公司更加光明的一面。"

我希望有一天人们能够意识到,大企业在面对未来的社会剧变时能够承担重要的责任。我指的社会剧变将具有空前的规模。正如一位法国政府部长最近呼吁的那样:"不要忘了,只有公司才能创造财富,而这笔财富正是任何一个政府社会政策施行的基础。"这话听起来毋庸置疑,但是有时候会引起争议,尤其是在老牌欧洲国家。公司能够出一份力,因为它们可使经济增长率从1—1.5个百分点转换到2.5—3个百分点,前者意味着社会停滞,而后者代表收入再分配得以启动。这样一些事实众所周知,也常常被反复提及,最后却往往被忽视。

增长率相差一个点所带来的影响是巨大的,至少也是比较大的。

Quality ｜ 品质

"想象一下，当比起失败，我们更害怕平庸的时候。"约翰·亨特曾如此感叹。

约翰·亨特在南非创建了世界顶级的创意广告公司。从上海到圣保罗，业内没有哪位艺术总监和撰稿人不知道他的大名。他培养了一大批极具创意且执着于品质的人才，他的学生遍布包括纽约在内的世界各地的创意部门。约翰·亨特是我们跨国广告公司的国际创意总监，他对于平庸从来都不留情面。尽管听起来有些过时，但他确实认为，工作上最佳的动力来自一个人对自己作品的自豪感。

每份职业都应受到尊敬。而现实中，是我们在自己所在的工作领域中甘于平庸，而不是我们所在的领域使生活变得枯燥乏味、没有意义。在我看来，尽管饱受非议，但广告业仍不失为一种不错的维持生计的工作。与人们所说的恰恰相反，广告业的社会形象其实并没有那么糟糕。20年前，只有

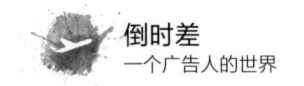

汽车销售员的职业声誉低于其他工作者。如今,房产代理、律师和银行职员的职业声誉都有所下降。提到政客,多年来他们的声誉更是江河日下。如此一来,大部分人倒是不再看轻广告业。

像约翰·亨特一样,我一向尽全力地对待工作。我现在算是已经成功了,但在最初的日子里,我感到备受两个迥异"派系"的"折磨"。

阶梯

用一种有创意的说法来讲,20世纪70年代,我过着一种"双重"生活。我曾受过宝洁公司的训练。我几乎知道执行公司策略所应知的一切知识。我知道所谓"销售创意"的重要性。我熟知执行方略,换句话说,我对如何传递一个想法了然于胸。是通过实验方式,还是证明方式?在前还是在后?或是用一个生活片段来表达?宝洁公司将如此复杂的一项工作细分为分类、分析、鉴定和统计等流程。这种程序化的工作模式利弊共存。它的弊端在于留给创作的空间非常少。偶尔我有了一个绝佳的创意,往往需要花很多的精力确保其顺利执行。这一点很多人没有注意到。

我还在做创意总监的时候,我们已经在每年的戛纳广告节上为其他客户斩获了很多奖项。我们公司的获奖数量在法国大概是排在第二或第三位。在我们创意部内部,负责宝洁

Quality | 品质

公司项目的员工自成一体。于我而言,我的思维方式会根据是宝洁公司项目还是其他客户的项目而转换。一方意味着令人窒息的规则,一方是对创新的渴望。那时候电视广告才刚诞生几年时间,我们正在摸索这项新技术的规则,犯了很多错误。其他的客户站在我们一边,当我们犯错时报以宽容的态度。然而,"愚者千虑,必有一得",概率法则总是确保妙计不期而至。

这种"分裂"的日子持续了几年。当我为宝洁公司服务时,目标是胜任;当为其他客户服务时,目标是创新。但是我不喜欢这种"双重"生活。我想将两种思考方式有机融合。正如物理学家总是试图调和相反的理论,我渴望有办法协调不同的思维路径。

20年前,在法国北部的诺曼底,一个11月细雨蒙蒙的傍晚,我构思出一个"阶梯"工具(The Ladder)。在这个"阶梯"上,我列出了表达品牌内涵所可能涉及的系列模块,一共六个方面:品牌认知、品牌特质、品牌功效、品牌区域、品牌价值、品牌角色。有些品牌仅仅需要增强品牌认知度,例如,我们曾给一个来自遥远的法国南部加泰罗尼亚地区的甘草糖果品牌做过策划,目的是通过3秒钟的热辣电视广告使其销量翻倍(法国电视台有一种3秒电视广告)。有些品牌需要突出某些特性,就像艾维斯出租汽车公司,为了摆脱屈居赫兹公司之后位于行业第二的事实,他们尤为需要一个好的策划,这是一个经典案例。大部分的品牌广告属于功效导向型,它们往往强调类似于"洗得更洁净""不伤皮肤",等等。这是宝洁公司常用的广告策略。

广告策划还包括许多策略。其中一种策略是强调区域性特征。例如拉夫·劳伦(Ralph Lauren)的广告,就是重点突出了经典新英伦风的魅力。另一种策略是宣扬品牌文化,比如耐克就是一直宣扬做最好的自己。还有一些是强调品牌的社会角色,比如苹果致力于让所有人都能用上电脑。

"阶梯"工具的出现具有里程碑意义。它使所有表现方法一目了然——不论是宝洁公司还是其他公司的策略。这种方式全面展现了我们创造的是什么,怎样生产的以及为什么要这么做。"阶梯"提供了全新的表达方式。它就像是地图或者空间中的坐标。在我们公司,从没有哪样工具像它一样便捷。我曾在世界各地都见过广告策划人员使用它。它先于"颠覆"几年出现,并成为"颠覆"的关键组成部分。一个品牌是否需要给自己一个定位?是否需要宣扬品牌文化?或者突出某一点特性?这些都是我们需要思考讨论的问题。过去很多创意型人才都倾向于悄无声息地解决问题,现如今他们则把问题摆到了明面上。每个人都能表达自己的观点,每个人都可以为创意贡献自己的一份力量。

那时候,人们只要打开电视就必须看广告。但现在,人们可以自由切换频道,除非他们自己愿意,否则完全可以避免常常看到广告。这就是所谓的即时吸引。一旦人们看到某个喜欢的电影,他们会在社交网络或者 YouTube 上分享,当他们

Quality | 品质

在电视上看到这部电影时,他们愿意重新看一遍,不仅不会感到厌烦,反而会提升兴趣。苹果公司曾推出一则创意广告,涵盖了爱因斯坦、毕加索、甘地和马丁·路德·金等多个历史人物,这个广告我反复看了数百遍,每次看都很喜欢,就像看一个非常棒的 MV。阿迪达斯的广告展现了拳王阿里跟他女儿拳击对决的画面,阿里还被女儿打中了下巴,这则广告以一种喜闻乐见的方式打破了时间限制。每次我在会议中播放这条广告,都会引起一片掌声。直到不久前,还没有证据显示重复观看的次数与人们的观看体验之间存在关系。不过现在有新证据表明,重复观看的次数是由首次观看体验决定的。你越喜欢一条广告,那么你观看这条广告的次数就会越多。这是质量与数量关系的新定律——质量决定了数量。

从短片到加入一定故事情节

高品质的广告离不开好的创意、产品价值的传递以及对细节的把握。可惜只有极少部分的广告才能称得上艺术品。这样的广告是耗尽心血精心制作和打磨出来的。当然,某些广告可能要斥资数百万美元,比如美国橄榄球超级碗大赛的广告,拍摄 30 秒就要花费近 350 万美元,因此每一秒钟都需要尽善尽美。前面我已经提到过苹果 Mac 与 PC 的对比宣传广告,其中两名特型演员分别扮演苹果与微软。时尚有型的 Mac 先生是一名典型的"果粉",PC 先生并没有被夸张地丑

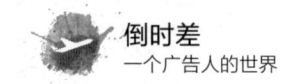

化，他非常友好，却顽固守旧。这个广告风靡全球，唯一没有看过这个广告的人就只剩那些禁止播放对比广告的国家的居民，比如英国；在其他地方，这两名演员已经成为类似偶像剧里的大明星。我们后来和他们合作了50多次。高水准的拍摄使得这些广告有了格调，表现力也大大增强。大概1 200多名演员参与了试镜，这也创造了纪录，因为通常情况下40名就够了。这也彰显出苹果公司对完美的追求。

我还提到过苹果公司的另外一则创意广告。广告的结尾是一位逐渐睁开双眼的深发色女孩。在一连串从前的天才出现之后，最后出现的就是这个女孩，配上广告标语："让我们异想天开。"我们的创意团队在洛杉矶的一家影像档案馆里发现了这个镜头。他们向苹果公司的管理者展示了这一镜头，以此说明他们期望实现的广告效果。后来，这则广告得以拍摄。我们找了几十名女孩去拍摄眨眼的动作，但没有一个人能做得像成片中的小女孩这么好。因此，为了使用这个镜头，我们支付了一大笔版权费。可见苹果公司追求完美的态度。

互联网的出现改变了品质的含义。不久以后，网络上四分之三的广告都将变成视频形式。这些网络广告视频长短各异，不再受限于电视广告30秒的时长规定。广告的品质将取决于讲故事的水平，而技巧在讲故事的过程中发挥着关键作用。

Crispin Porter & Bogusky广告公司为可口可乐旗下的无糖品牌零度可口可乐设计了一个创意广告，这个案例充分显

Quality | 品质

示了讲好故事的重要性。广告中可口可乐与零度可口可乐的品牌推广经理发生了激烈的争执,因为零度声称自己的产品与经典的可口可乐一样好喝。双方闹上了法庭。画面展示了双方的律师见面会,双方都在据理力争……这里广告的品质不再取决于如何巧妙地安排这 30 秒钟的画面,而在于故事的精准性。比如在这个案例中,广告的品质就取决于是否充分表现出了这种公司内部非公开的法律会议剑拔弩张的氛围。时间终将证明品质的高低。广告中加入适当的情节远比刻板的画面要有意义。

创意总监

在好莱坞,你会碰到很多善于讲故事的人。我们洛杉矶分公司的员工与好莱坞的人有些往来。有时候,员工们会与他们一起工作,并喜欢受他们影响,他们的工作环境是充满灵感与激情的。我们感到很幸运,因为我们最大的分公司在加利福尼亚州。加利福尼亚是一个属于乐天派的地方,那里的人对未来充满热情。从制片到计算机科学,从视频游戏业到广告业,加利福尼亚是应用艺术与未来科技的主场。我经常去洛杉矶。我不能说我爱那座城市,但我必须承认它确实有一种特殊的氛围,与美国东海岸的纽约截然不同。在纽约,你知道你处于商业风暴的中心,而在洛杉矶,你可以伸出手,触摸到一个逐渐形成的世界。法国著名经济学家雅克·阿塔利

倒时差
一个广告人的世界

(Jacques Attali)在他最近出版的一本书中说,洛杉矶是当今世界的首都。正如布鲁日①、维纳斯、阿姆斯特丹、伦敦、波士顿和纽约那些曾是世界之都的城市(我猜上海很快也会是)一样,洛杉矶堪称当今世界的首都。根据雅克·阿塔利的判断,苹果公司的诞生促使洛杉矶取代了纽约的地位。那大概是在我们为苹果笔记本电脑制作了一则奥威尔《1984》式广告片的时候。对我们来说,那是一段难忘的日子,是我们公司在圣莫尼亚市②格罗夫纳大道工作期间的巅峰时刻。

我已经谈到过李·克劳,他是这部广告片的幕后工作者。他是洛杉矶分公司的心脏和灵魂,是我们公司的灵感源泉。我认为与他一起工作、为他工作是种特权。他是一个活生生的传奇,是举世闻名的创造性稀缺人才之一,也是广告界声名在外的少数几个人之一。李喜欢创意,他坚信创意引领世界,创意使世界加速改变。他深知广告创意可以改变一个品牌的方向,其中蕴含的能量不容小觑。他可以在一个想法还未实现,甚至还未被表达出来时就将其辨认出来。一两个词语,或者粗粗看上一眼就已足够。有天赋的创意总监可以察觉微小的事情,并将它们放大。

哲学家马克斯·韦伯(Max Weber)说过,伟大的领导人可以将合法、能力和魅力结合起来。我清楚,很少有工作像创

---
① 比利时西北部城市。——译者注
② 美国加利福尼亚州西南部城市。——译者注

Quality | 品质

意总监一样必须具备这些领导者特质。你需要创造出大量被你的同行认可的活动。合法与否,会影响到外部和内部的声誉。创意总监需要的第二大特质——能力会随着时间推移显现出来。也就是说,创意总监需要帮助那些创意人员激发他们的潜能,让他们做到最好,甚至比他们自我认知能做到的极限还要好。在一个伟大的创意总监手下工作的创意人员会惊讶地发现,原来他们可以做到如此完美。最后,创意总监需要表现出韦伯所说的第三个特质:魅力。他们需要在人们陷于各不相同的焦虑时起到引领作用,如在创造型人才担忧他们可能会头脑空白,以及客户担心他们会因为被诱导而承担风险时。

  对于伟大的创意总监,如美国的李·克劳和南非的约翰·赫特来说,品质和创造力是不可分割的。除了奥美公司的创始人大卫·奥格威之外,他们的看法都是一致的。奥格威蔑视"创造力",他认为这一措辞听起来很肤浅,只有自我放纵的创造型人才会利用这一点推销自己,完全不顾受众需要他们解决什么。一些人同意他的观点,包括我们公司的财务总监丹尼斯·斯特雷弗(Denis Streiff)。他的关注点在于如何使投入产出比最大化。最近,他建议更改措辞。他建议我们去掉"创造力"这样的字眼,使用"创新"来替代。他声称"创新"听起来更让人放心,因为它更有工业意味。但我的想法恰恰相反。我更喜欢"创造力"这样温暖的字眼,而不是"创新"这样冷冰冰的词语。我更倾向于认为欧莱雅或路易威登是富

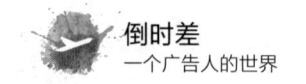

有创造力的，达能和耐克也是如此。创造力让你的脚步迈得更远。创造力在我的字典里，意味着"发明的力量"。

  我们的业务已经到达一个转折点。它亟待处理衰退的趋势。它正面临一场数字化变革。这是一个痛苦、危险的时代，但是我从没有错失任何一个机会去提醒每个人，在如今这个经济完全需要依靠创造力增长的时代，我们做着这样一份需要创造力的工作是多么幸运。20年前，汤姆·彼得斯撰写了《追求卓越》，这本书成为有史以来最伟大的商业畅销书之一。虽然我不太喜欢"卓越"这种说法，因为我觉得它太过于常规，也太狂妄，但我很高兴地发现，世纪之初，创造力与卓越注定是同义的。

Room 13 | 13号教室

我们的人力资源总监罗德·赖特(Rod Wright)认为,我们应该在全球范围内建立一些慈善行动计划。

鉴于此,他给13号教室的主管写邮件建议开个会。而主管回复说没有时间,她正忙于准备庆祝她的第13个生日,再过几天她就要辞职了。规则规定,13号教室的主席必须在第13个生日后离职。

13号教室把艺术上的努力当作对孩子进步的奖励之一。13号教室是在小学的基础上设立的,由孩子们自己运作,职能类似创意工坊。1994年,这个项目创立于威廉堡附近的一所学校里,学校位于卡尔,苏格兰高地偏远穷困的一角。那一年,学校的孩子向校长请求拨给他们一间教室,用于从事无人监督的艺术活动。校长允许他们使用一间屋子,这间屋子的编号恰好为第13号。学生在里面画画、雕刻。孩子们也创作小说和诗歌,指导者是后来被称作"驻校艺术家"的成年人。

"驻校艺术家"由孩子们选出，工资通过他们售卖自己的艺术作品来提供。学生们各自分担一部分管理任务。他们有主席、总经理、财务主管和后勤主管，等等。他们共同负担起日常管理、回复邮件和应对来自全世界的邀请。同时，他们确保财务和规划的任务按需进行。

如今，这个项目已在苏格兰设立了将近20年，全球范围内已经出现了超过70个13号教室。TBWA以独一无二的方式完成了其国际范围的扩散。我们首先在南非宣传我们的观点，然后扩大到其他二十几个国家。13号教室每每都设立在处境艰难的街区，那里的孩子们需要应对诈骗、恶意破坏、酒精与毒品滥用，以及黑帮暴力。很多孩子往往因为父母染上了艾滋病而变成孤儿。在这样惨淡的环境下，孩子们的日常生活就是他们主要的灵感来源。他们的绘画和舞台剧讲述了强奸、乱伦、死亡、烈酒、毒品和儿童的权利。有些作品很是引人注目。这些作品被称为原生艺术，显示出创作者对创作主题的强烈情感。

像老师一样的孩子们

2004年初，我们发现了13号教室。那年的1月，罗德·赖特在英国电视第四频道看到了一部讲述13号教室的纪录片。180个5到12岁的孩子加入了那所学校。在纪录片中可以看到，他们几乎赢得了学校上一年度所有的艺术节奖项，其中一些孩子的作品在很多艺术馆展览过，包括伦敦泰特现代美术馆。更令人意外的是，这部纪录片是由孩子们自己导演的。

这种概念似乎是可以出口的，这就是为什么正如我前面所述，罗德发现与他写信交流的13号教室主席只是一个12岁的孩子。她在一小时之内回复了，暗示由他们接管罗德所掌管的所有项目的管理权！我把这封令人惊讶的信件翻来覆去看了好几遍，的确写得精确而专业。罗德和"颠覆"团队的领导者菲奥娜·克兰西(Fiona Clancy)前往了位于威廉堡的13号教室，去寻求一个答案，是什么样的历练使得这些孩子看起来如此成熟，同时也保持着热情。每一个学生每天花在13号教室里的时间由一小时到几小时不等。

我们首先到南非开展我们的项目。我们打听到了一所位于布沙比鲁的学校，这座小城距离约翰内斯堡有5个小时的车程。那里的失业率约有70%，艾滋病患者人数也达到历史最高。尽管处在如此困难的环境中，教育部的人们仍然保持着学校的重要地位。第2个13号教室设立于约翰内斯堡的一个镇——索韦托。为了启动这两个项目，罗德与卡尔13号教室管理团队的两个孩子一起乘飞机赶往南非。苏格兰的孩子认为，他们的想法应该传达给其他孩子。他们想要与非洲分部的同学们面对面，告诉他们如何建立一个管理团队。在他们的想象中，教管理方面的经验要比教艺术更困难。

我们在南非的项目证明，13号教室这个想法是可以被复制的。然而,南非的学校系统与苏格兰的学校系统大相径庭。在南非,教育是高度正规的。当问孩子们问题时,他们会先站起来,再进行回答,然后再坐下。孩子们喜欢学校,他们认为这是摆脱贫困的一种方式。而在苏格兰就大不相同了,大多数的孩子都将上学视为浪费时间。

  13号教室完全由孩子们自己控制的管理形式令南非的教育者十分震惊。但是最初的两位校长成功创办了南非的头两个13号教室,于是形成了良性循环。如今,南非已拥有27个13号教室,数千名学生每天都参加学习。同时,TBWA已帮助13号教室在多地成功开设,如加德满都、孟买、上海、多伦多、伊斯坦布尔,以及洛杉矶和巴黎。加利福尼亚的13号教室位于洛杉矶的中南部,那里以长期存在的危险为人所知。在第一周,我们给学生们播放了一段关于13号教室的DVD视频,他们吃惊地看到苏格兰的孩子们在说唱。过去,苏格兰人民从年轻的美国人身上找到灵感,现在,美国年轻人将要跟随苏格兰年轻孩子们的脚步了。在洛杉矶中南部的生活是艰苦的。假如这些孩子为他们第一次展览筹措的资金花在本地,那真是一点也不奇怪。但他们并没有这么做,他们前往南非,去帮助那些像他们一样的孩子。只是难以获取饮用水对他们而言是件很糟的事情。

  第一次访问卡尔时,罗德和菲奥娜就意识到两个至关重要的因素,这两个因素关系到13号教室是否可以成功建立。第一个因素是需要一个驻校的艺术家,一个可以教导和指引孩子们的成年人。第二个因素是13号教室不能成为主办学校的负担。这两个条件在全球70多个13号教室项目确立时是重点考虑的问题。无论是驻校艺术家，还是设备成本、旅行费用，或者其他需要学校进行支付的杂费，都由孩子们自己解决。

我们称之为 AiR 的驻校艺术家，他们的工资是由孩子们支付的。有时候我们会帮助筛选。候选人不能是老师，也不能是父母或者社会工作者。这个人只能是深得孩子们信任，为他们提供自信和纪律性的人。驻校艺术家不会把孩子们变成专业的艺术家，虽然这样的情况可能会发生。他们会帮助孩子们成长，帮助他们绽放艺术之花。他们从不会告诉孩子们应该去做什么。他们会让孩子们解释画作，而不是单纯地夸赞它们很漂亮。选择一个合适的驻校艺术家是设立13号教室项目过程中至关重要的一步。他们必须慷慨、耐心、懂得放手，让孩子们能够拥有属于他们自己的道路。这样的人非常稀有。在他们身上，需要结合艺术、思想和教育于一体。除了这些，以及花费时间陪伴孩子们和进行工作，他们还必须通过艺术谋生。

当某座城市的13号教室建立完毕，一年一度的展览就会被安排在那里。有的展览设于伦敦的泰特美术馆，有的设于斯德哥尔摩、都柏林、约翰内斯堡、爱丁堡的现代艺术博物馆，也有的展览设于伦敦著名的皇家艺术学院。泰特美术馆的馆长尼古拉斯·塞罗塔（Nicholas Serota）先生称13号教室是"英国最具启发意义的艺术教学典范"。

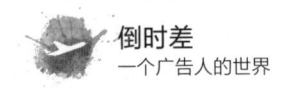

所有的13号教室都是自筹资金建立的。每年的成本不尽相同,根据每个国家的实际情况,从数千美元到数万美元不等。在设立的头一个年份,13号教室无力筹措足够的资金,但是在接下来的两三年,它们就可以筹集够了。TBWA的角色之一就是帮助13号教室项目撑过第一年,但是我们不会去检查。我们帮助他们寻找赞助商,组织艺术展览,提供网页设计,供他们将一些作品放在网上售卖。我们也会试图从公共资源中筹措配套资金。在加拿大,多伦多市给予了13号教室每年两万美金的资金支持。在南非,自赢得最佳青年赞助奖以来,13号教室慈善机构的地位便得以确立。每次筹到资金,曼德拉儿童基金会都会将其换成兰特币(南非货币)。这是一个良性循环。

许多TBWA的人员都成了个人参与者。我们的两个伦敦员工开着一辆尼桑玛驰到蒙古帮助13号教室做宣传。他们的行程穿越了欧洲,跨过乌克兰和俄罗斯。他们的车上喷涂着13号教室的颜色,画着13号教室的标志。到达乌兰巴托时,他们已经筋疲力尽,但是他们仍然想到办法在拍卖会上卖掉这辆车,并把所得款项交给那里的孩子们。我们正在筹建的新的13号教室项目正是在蒙古。

从艺术到表达

我们公司的首席运营官伊曼纽尔·安德烈(Emmanuel

Andre)热爱摄影。当他休假时,他花了一星期时间参观南非的摄影工作室。他造访了位于索韦托和布沙比鲁的两所学校,并为那里的13号教室的学生拍摄了照片。接着,他决定由学生自己相互进行拍摄。这些照片非常吸引人,因而伊曼纽尔决定出一本书,这本名为《佳作》(*Sharps*)的书带来了超过4万美元的销售额。这些收入为在南非建立新的13号教室提供了资金,就像我们在香港的第一间13号教室那样。如今,伊曼纽尔重新开始了这项工作。这次,他筹到了超过10万美元。他在南非拍摄了一组新的照片,并且摄制了一部纪录影片。他在曼哈顿切尔西区的一个画廊组织了一次展览,这个画廊的所有者被认为是关于凯斯·哈林和巴斯奎特的世界上最好的专家。他还发行了一张DVD,其中包含一部13号教室的纪录片和一部关于展览的影片。最后,伊曼纽尔设计了一个工具,他称之为"盒子里的展览"。这个工具结合了传单、目录和照片副本,这样一来,TBWA的每家分公司就都可以组织它们自己的展览,并销售照片了。除此之外,"盒子里的展览"还确保在孟买或约翰内斯堡制作的艺术品可以以高于本地的价格在纽约和伦敦进行销售。

法国的第一家13号教室于2010年9月开设在一座名为纳尔达内的城市中,这座小城位于巴黎郊区,那里生活的人群收入很低。我们不得不去面对一个艺术教师的反击,他说对这样一个设想中的不负责任的项目感到惊骇。我们花费了一年多的时间来说服当地的教师群体和学术部门同意我们启动

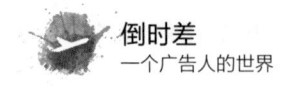

该项目。最终,当局同意让学生们通过他们自己的努力筹集资金。2010年10月,我参加了正式的开幕式,才发现通往这座郊区小城的主干道依旧被称为列宁大道,这一名字在这个如今被誉为"巴黎的红腰带"的地方十分寻常。

住在纳尔达内的艺术家这样评价孩子们创造的作品:"每一个作品背后都藏着一个关于母亲、兄弟、姐妹、猫咪的故事。这些故事往往都很悲伤……大人们是不会讲述这类故事的,但是孩子们会把这些故事展现出来。"

我与纳尔达内13号教室的一些学生聊天。孩子们向我讲述了他们的工作。我意识到,在提高他们创造力的同时,他们与人交流的能力也得到了提升。这个在巴黎郊区观察到的现象恰好与南非教师们已经发现的现象相吻合:"13号教室的孩子们一段一段地说话,而不是只回答一两个字。"不知怎么回事,你完全想不到艺术工作室可以提升与人交流的能力。13号教室做到了,是因为它不仅仅帮助孩子们去创造,还帮助他们提高组织能力。他们成了"企业家",并迅速获得了一种责任感。他们看起来比其他孩子要成熟。很多孩子来到13号教室之前曾辗转过多个学校。13号教室帮助他们回到正轨,让他们对自己的学业更有信心。

如今,遗憾的是罗德·赖特不再和我们在一起了。我仍想要向他的成就致敬。在去世前的几个月,他曾与苏格兰13号教室的孩子们交流。他对他们谈起"颠覆",孩子们用"颠覆者们"来回应他。他告诉孩子们像TBWA这样的组织是如何运作的。现在,13号教室已经成长为一个属于自己的国际网络。当罗德进行这次谈话时,卡尔地区13号教室的新主席露西·麦吉利弗雷(Lucy MacGilivray)刚满11岁。她对此次谈话作了个总结:"TBWA就是13号教室的成年人版,不是吗?"

Society｜社会

菲利普·米歇尔经常提醒我们："认为广告的目的仅仅是卖东西是一种目光短浅的看法，广告在我们的生活中应该发挥更大的作用。"菲利普是一个真正在广告行业留下印记的人物。

在1989年欧洲议会选举之前，菲利普·米歇尔仍然这么认为。民意调查的结果告诉我们弃权率有可能达到可怕的地步。我们都担心欧洲的创意之花就此枯萎。菲利普希望两个广告机构能承担和策划令人印象深刻的宣传活动，并能启迪年轻人去了解这件与自己利益相关的事情。他希望确保形成广泛的讨论，即使这可能意味着被挑衅。他认为如果记者不能在如此重要的话题上激起公众兴趣，那么广告公司综合多种形式的宣传方式也许会起作用。

菲利普的梦想是乌托邦式的。他相信广告不仅关乎商业。他认为广告是一种专业和特殊的语言，这种语言可以被任何公众利益事务所利用,不管公众是否感兴趣。

在20世纪70年代早期,菲利普·米歇尔到中国四处旅行,并从当时张贴的大字报中获得了灵感。他梦想着通过各种各样的海报制造大规模的公共讨论。这些海报会出现在公共空间的墙壁上,就像巨大的、如同照片一样的大字报。他认为这种方式能鼓励民主,大多数相互矛盾的观点应该让所有的人自由判断。

崇高的事业

菲利普·米歇尔设计的一张海报至今仍名扬法国,那就是"婴儿"海报,一个新生儿的脸上方写着一句话:"难道我看上去像政府措施?"这张海报发布时恰逢法国国民议会代表讨论政府是否要补贴堕胎,其目的是谴责那些片面支持堕胎的人。这则广告的理念是提醒他们在生育问题上应当尊重生命。

不久之后,菲利普制作了一则与宗教书籍中的引语相关联的广告,广告中如此说道:"这在圣经中,也在古兰经中。"他希望通过强调不同宗教的共同点,为中东不可能的和解尽一份力。

1988年法国总统选举的几周之前,菲利普给雅克·希拉克(Jacques Chirac)和弗朗索瓦·密特朗这两位候选人送去了一幅海报:"你为那些不投你票的人做些什么?"这里涉及当时

倒时差
一个广告人的世界

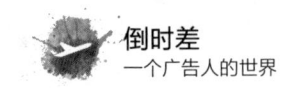

一位多重残疾人士正被公立医院驱逐,原因是医院缺乏护理设备。为了确保能够获得一个坚定的政治承诺,菲利普每周都会把他设计的宣传广告寄给两位总统候选人。一幅寄给密特朗的海报写道:"这六周里,弗朗索瓦·密特朗一直想把我赶出医院。"接下来的几周是"五周内"……以此类推。菲利普还给雅克·希拉克寄了一系列类似的针对他的广告。即将卸任的总统弗朗索瓦·密特朗并没有等到选举才行动,他签署了一条法令,推翻了从公立医院驱逐残疾人士的决定,并提高了必要的投入资金,尤其是规定残疾儿童不会再被遣送回父母身边。这是一个典型案例,反映了广告信息有时甚至不必公开就能起作用。

这些为数不多的案例显示出广告确实重视实际效用。广告是一种简洁紧凑的写作形式,它在几十年的发展中被不断精炼和完善。它可以为高尚的目标服务,可以让众人关注与公共利益相关的事件。我们的广告公司设计了针对各种各样社会议题的宣传活动:反对滥用药物、扫盲、反对家庭暴力、支持道路安全、对抗艾滋病、环保。我们制作的史上最长的宣传视频让数百万的网民反对核试验。我们也制作了反对恶劣住房条件的宣传海报,俯拍了许多一家人挤在一间房子里的照片。几平方英尺的照片,真人那样大小,可以放进公交车候车亭。这个广告的要点是呈现成千上万人在狭小空间生活的一个瞬间。另外,我们利用动画剪辑发起了"Zizi 涂鸦"的活动,该视频风靡全球,并在几天之内成为 YouTube 最受欢迎的视频。该视频是为了鼓励法国和全世界的年轻人使用避孕套。

我们公司旗下的 Excel 在法国是排名第一的募捐机构。它的客户群体涵盖了大部分法国和国际慈善机构,这些慈善机构从医生世界(Doctors of the World)到国际助残组织(Handicap International),从艾滋慈善行动起来(AIDS Charity Act Up)到红十字会(Red Cross)。在它的时代,Excel 募集了超过 15 亿欧元的善款。

所以,像很多其他人一样,我们在尽自己的一份力,通过鼓励团结的方式让这个世界更美好。长时间以来,私营企业都是这样做的。在 19 世纪,它们常常设立所谓的"慈善信托"和"公益信托"。今天,企业认识到帮助他人是它们事业的一部分,没有谁可以免除这项责任。

私募基金支持公共基金

百事是一个很好的例子。2010 年,我们推荐他们创立一个新型的大型互动公益项目:百事焕新项目(The Pepsi Refresh Project)。这个想法是为了鼓励网民每个月给其他网民推荐的项目投票。

互联网的潜力很少被如此大规模地检验。1.4 亿美国人对此项目感兴趣,比例超过了全美人口的三分之一。焕新项目官网上的投票总数达到 7 200 万,比上一次美国选举的投票总数还多。网友想出了8.3万个点子。百事为每个月胜出的2个项目分别提供2.5万美元的奖励,对10个亚军各奖励5 000美元,并且为其他20个项目提供捐赠。百事那一年的总支出是1 500万美元。

百事焕新项目基金用于为弃儿们的住房和学校提供资金,修缮剧院和历史建筑,建造自行车道、游乐场、棒球场、体育中心和健身房,设立食物银行,资助动物收留所,支持开发贫困地区儿童创造力的项目,降低文盲和辍学率,缩小代沟。所有这些或大或小的项目都是为了更美好的日常生活。

百事可乐的活动是接下来活动的预演。私人力量和公共力量共同致力于改善人们的生活。当然,大部分活动的资源不能与政府相提并论,即使是大规模的活动和涉及上亿美元投资的大型项目。就像在百事这个案例中显示的,企业所做的总有局限性。现在,成千上万的企业仍觉得它们要发挥公共作用,大家共同的努力总会产生真正的影响。这就是为什么许多人逐渐意识到私营企业能够而且必须支持公共事业。

法国宝洁公司的人曾问吉姆·斯滕格尔:"为何宝洁公司的员工要把做慈善的时间放在晚上和周末,随后他们不得不在上班时把正能量丢在家里?如果品牌能够加强这种正能量,会发生什么?个人行为的影响力将增加一百倍。"吉姆·斯滕格尔承认这番话对他来说非常有启迪作用。事实证明这是一个转折点。今天,宝洁分发疫苗、帮助净化水质、清洁城市、建造学校和对抗饥饿。宝洁的员工无需再为社会意识和自身职业左右为难，两者已合而为一。

三重底线

近 20 年来，百事可乐和宝洁的上述行为呈增强趋势，企业社会责任意识在不断提高。"三重底线"渐渐成为人们评价公司的标准，并被大家所熟知：经济实力、环境影响和社会效益。公司在一个领域的成就可以加强它在另外两个领域的表现，这恰好是一个新的良性循环。更加尊重环境和考虑公众利益会提高企业的存在感，影响力的扩大也会增加公司在商业上的成功几率。

达能的总经理范易谋（Emmanuel Faber）也证实了这一点。"在一个大的上市公司，没有一个股东会为了公司承担和普通员工同样多的个人风险。没有股东会预支工资，在工厂旁建房子，在城市或工厂所在地抚养孩子。因此，我们对员工的责任比对股东的责任更大。这是真相，是不可否认的。我们与供应商、分销商和最终通过（或多或少自由地）选择产品来决定公司命运的客户是肩负着同样的责任的。相比社会利益，人们更倾向于经济利益优先。但事实上，它们是现实的两个方面，只是我们的主观感知把它们区分开来了。

像宝洁和联合利华这样的公司早已找到一种展现自己社会责任意识的新方式。这些公司尝试生产价格低廉的家庭日用品，使任何贫穷的家庭都能够负担得起，而这部分人口占据

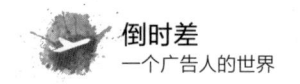

了全球所有人口的五分之一。这些东西的售价不是1美元，而是仅仅需要10美分。这些公司想要做的，是使这部分贫困人口不被排除在世界消费人口之外，这是它们销售的长期目标所在。在此种意义上，"做好"和"做得好"是同义的。

目前的经济危机意味着我们需要改变工作、金钱和消费的关系，也让各个公司重新评估它们在新环境下的作用。众所周知，我们正在步入新时代，经济将会建立在适度价值观和公民责任上。这将导致经济增长更趋理性。我们正在进入新的经济时代，比如，销毁或回收一个产品的成本将被包括在最初的购买价格中。

如果印度人、巴西人、中国人开始和美国人消费得一样多，地球的资源将需要增加5倍。我们都知道新型工业实现无污染和传统工业优化环保水平是多么重要。事实上，我们需要比这更进一步。我们需要反向逻辑，并打造真正能够减少污染的行业，这就是所谓的"工业生态学"。这个概念的提出者瑞士工程师苏伦·埃尔克曼（Suren Erkman）说："生态和工业、商业和环境应该而且必须协力一致。"这样的例子还有很多，他说道，比如美国福特工厂的屋顶能够吸收二氧化碳并生成氧气。工业生态学听起来像一个矛盾体，但实际上它是一个触手可及的定义，并且拥有颠覆性的影响力。

迫使我们重新思考一切的不仅是环境，还有其他的社会问题。例如，待售的家居用品，即便定价仅仅为10美分，也需要重新进行全面评估，从产品概念到制造。同样，规划社会友好型的未来并不意味着仅仅通过预设的发展曲线倒推过去，而是必须有颠覆性，放弃之前的做法。政府权力部门力量微弱，不能推动改革产生激变，只能做一点点的推进。它们把法定退休年龄推迟了两年，或是增加几个百分点的工资。政治最终将不得不面对我一直批评营销领域的问题：由于行动步伐过小而缺乏生产力。

有必要采取一些乍一眼看上去不负责任的措施。考虑一下这个问题：如何保护我们的经济结构。贸易保护的新形势可能不是贸易保护主义的。它的目的与其说是保护公司在一个国家的权利，不如说是支持那些对公民负责任的公司，不仅在它们的国家，而且在市场的所有覆盖之处。在法国，很多公司都是例证，比如麦当劳签署了独一无二的农民契约，丰田在国家北部的废工业区建立了模型工厂。

每一个公司都应该用"三重底线"来评估，每家公司都需要将公民和环境贡献纳入其资产负债表。道·琼斯的"可持续性指数"于 1999 年创立，给那些把可持续性视为公司绩效重要元素的投资者提供信息。一开始，包括通用电气、丰田、宝洁、联合利华等在内的约 250 家企业有资格参与。要获取资格，意味着公司需要仔细填写一份问卷，这份问卷认为公司的社会表现、环境保护和经济效益同样重要。总部位于苏黎世的评级机构分析了问卷结果并建立了年度企业排名。符合条件的公司数量正在上升。欧洲证券交易所可能很快会使用欧盟的标准和权重，共同建立一个类似的指数。

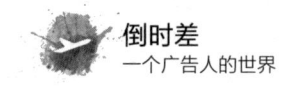

不久后，那些为公共利益作出真正贡献的企业和无所作为的企业会截然不同，那些创造就业和保护环境的企业与认为无所谓的企业会区分开来，这似乎是不可避免的。那些承担更多公民责任的公司应该得到经济上的激励，并不是所有公司都应该被同样对待。

我愿意相信我的祖国会采用这种方式。有人可能会抱怨，如果没有损害到切身利益，法国不会单独采取行动。在这种情况下，办法就是欧盟必须作为一个催化剂。但有一个条件，欧盟当政者必须明白，如果他们想推动真正的创新措施，绝不能单方面地强加给成员国，他们必须为每一个后续的措施召唤多数的支持。这类似于议会政治中所谓的"多数人的想法"，不同政治背景的人会一次性联合起来推行特定的想法。如果欧洲像这样办事，它会步入被称为"和谐大餐"的良性发展过程中，其中各个国家都在以不同的速度进步。这样做的好处是会更灵活，同时能减少官僚主义，推动创新发展。一旦少数成员国证明这样的措施具有价值，它就会被其他国家采纳。由此，欧盟作为一个整体将稳步获得更强大的凝聚力。

在今天，世界是相互依存和相互关联的，问题无法靠一个人解决，只能依靠大部分人。我们需要新的保护形式和以激励为基础的财政政策，对欧洲人来说，这是一个更灵活的进步方式。有意义的改革只有相互交织才能证明其有效性。

Transparancy ｜透明度

"一切都截然不同,又有相同之处。"

巴黎分公司的主管纪尧姆·帕诺(Guillaume Pannaud)谈到阳狮集团和哈瓦斯集团是如何在法国市场占据主导地位时曾这样说过。当时,从全球层面来说,TBWA比阳狮和哈瓦斯拥有更大的公司网络。在法国,TBWA的规模排名第三,紧随两者之后。但大家普遍认为两家本土巨鳄严重压缩了我们的生存空间。它们的主导地位由来已久。当我首次踏入广告圈时,阳狮和哈瓦斯,比现在占据更大的市场份额。

那时哈瓦斯是国有公司,人们正确地猜想到了它的总裁一定是政治网络的核心人员,这也促成了其市场主导地位。管理哈瓦斯这份美差经常由一些政府高级官员担任。法国的广告业常态就是最大的广告公司同时也是媒体中介,这意味着它为主流杂志和报纸雇用了一批广告圈的销售人员。综合

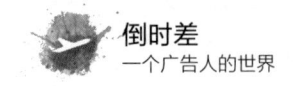

来说，哈瓦斯是很多媒体集团的重要股东，甚至是控股方，比如它覆盖了全国的广告牌网络。这些赋予了哈瓦斯在多个领域的权力，这种现象在其他发达国家并不常见。我们很沮丧地看着哈瓦斯与我们的客户建立了私人关系，用几近于垄断的销售方式强迫客户购买版面。其媒体经营者不断给我们的客户提供豪华远游，我们对此当然非常厌恶。

阳狮集团也是集咨询、广告销售和媒体管理于一身的企业，过去常常被业内称作"全国信息部2号"。阳狮的创始人及其继任者的社交和游说能力使其成为哈瓦斯的劲敌，同时也让他们声名狼藉。

十几二十年后，法国新兴的广告公司开始占有一席之地，其中也包括我们。很多业内人士深信：两大巨鳄的市场支配地位将不可避免地被削弱。行业新人树立了行业高标准，给老牌企业不均衡的业绩表现蒙上一层阴影。后者或许有社会关系优势，但是前者更有想象力，两者各有优劣。

在过去20多年中，法国的政治网络依然颇有影响力，曝光度减少，但是地位依然重要。只在一个方面出现了非常典型的转变：哈瓦斯和阳狮紧跟时代，获取了新的知识和创意。由于它们设法维系其政治纽带，因而尽管时间流逝，它们仍然站在中央舞台。我总有一种莫名的感觉，仿佛自己又回到了最初步入广告圈的那个年代。

Transparancy | 透明度

过往的战役

如今,一切都截然不同,又有相同之处。我们为改变而战。我们有两个战场:其一,我们想看到媒体经济人和广告公司私下交易以支持自家媒体这种"不透明的委托行为"被终结;其二,谴责那些我们认为的"闭门公司"。

最近我又重新阅读了那段时期的媒体报道。一些报道呈现了我们在那些争议问题上说过和写下的话:"像我们这样的独立广告公司,业务已稍有进展,但业内的处罚缺乏透明度。绝不要忘记这背后的始作俑者至今仍是国有公司。"在其他地方,我们还评论说:"我们可以称之为破坏了公平贸易的'闭门企业'。不管怎样,这都是大多数广告专业人士的观点。问题不仅仅在于媒体集团的高层控股人,更多的是他们通过交叉持股的扭曲方式所施加的控制。"一位颇有影响力的竞争对手甚至说他"允许我们成功"。这个观念真的让我非常震惊,我们的一个主要竞争对手自诩掌握了控制我们生死的权力。

在此期间,面对竞争对手的恼怒,我们勇敢地努力去改变现状。且不说半夜的威胁电话,有时我们也会因不安而惊醒。我们是先驱者,我们在动摇体制,我们相信透明,但透明性某种程度上来说已经是一种很低的要求。

我和我的搭档让-克劳德·鲍莱特常常遭到批评。我们被指控扮演法官角色,并且过分说教。但这些抨击都是子虚乌有。我们坚持金钱方面的透明与道德无关。事实是,从第一天起我们就想跻身佼佼者行列。为了达到这个目的,我们必须与体制不同。我们需要从行业内脱颖而出。我们决定击中他们的痛处。

利益冲突

2011年6月,法国《策略》(*Strategies*)杂志刊登了一篇关于哈瓦斯的头条新闻,其中写道:"广告公司、媒体咨询公司、经纪公司、销售和媒体,这是个垂直整合的集团。"这篇评论文章谈论的是交叉持股的后果,它暗示哈瓦斯发布了有关与谁合作和不与谁合作的内部指示和规章。广告商联盟提到,"威胁下的中立立场必不可少"。作者得出的结论是这极有可能是西方国家的独特现象。

占支配地位的法国公司声称交叉持股不会产生负面影响,但这句话有待进一步分析。唯一能保证同属一个控股方的广告公司和媒体之间不会产生利益冲突的是中国墙[①]。这就涉及问题的核心所在。管理不能保证员工不会越过黄线,潜在的利益冲突已经实际摆在那里是不争的事实。

为何这种情况看上去并没有冲击到每个法国人?因为这

[①] 指投资银行部与销售部或交易人员之间的隔离,以防范敏感消息外泄,从而构成内幕交易,可衍生为职能划分制度。——译者注

Transparancy | 透明度

个国家的既得利益阻碍了国家进步？还是因为首席执行官们把利益冲突视为常态？亦或是在国家领导人中，尤其是政府官员中，有着过多的职能交叉和重叠？这些好像才是事情的真实面貌。

最纵容这种现象滋生的就是金融界。大多数银行家不仅无法避免利益冲突，反而积极制造冲突。瑞德银行巴黎地区的负责人马修·皮加斯每天都目睹着这一切发生。他这样说道："银行容纳了一整套不同的工种。这可能会存在一个问题：一些工种与另一些是对立的，其中有许多的利益冲突。"皮加斯对银行家的很多行径表示不满，其中一种似乎已成为今天大部分银行家的第二天性："有一种利益冲突存在于某公司的出资方和建议该公司选择外部投资的人之间。"

金融界的思维变得如此扭曲，以至于这些矛盾已经成为我们经济环境的一个组成部分。它们似乎开始变得非常自然。法国的特殊之处在于只有利益冲突非常明显之后才可以进行起诉。而在许多其他国家，即使潜在的利益冲突也是容易遭到起诉的。因此，我们国家的声誉并非没有污点。根据透明国际组织的调查，在监管机构联盟方面，法国排名第25，前面有12个欧洲国家（美国排名24位）。

回到我们的法国机构和它对法国广告专业人士的影响，我会说最终的影响是极小的，尽管这是一场史诗般的战役，但是我们认识到不能独自移山。一开始我们是天真的，但最终变得清醒。战役是崇高的战役，它可能没有改变世界，但是给我们的公司留下了浓墨重彩的一笔。

几年前,我们在伊斯坦布尔组织了一场欧洲管理人员大会。第一晚,来自32个分公司的负责人一起乘船游览了博斯普鲁斯海峡。我问土耳其分公司的负责人塞姆·托普格鲁(Cem Topcuoglu),为何还没成立活动营销公司。他回复说,"我很快就能够实现它,因为我正在寻找一种透明干净的操作方式。但是截至目前,这还是一件不可能的事……"5分钟后,我和斯洛文尼亚分公司及亚得里亚海业务网络的负责人米特扎·米拉维奇(Mitja Milavec)交谈了一会儿。斯洛文尼亚分公司的收入增长是该区域分公司中最快的。当我问起原因时,米特扎解释说前南斯拉夫市场存在两种不同的工作方法:"公开的和隐蔽的。我们用的是第一种方式,而且只用第一种。拒绝做隐蔽的交易在有些地方也会拖我们的后腿。"在我和他们两人各5分钟的交谈中,集团的两位高级管理者强调了他们对工作透明度的坚持,尽管他们所在国家的行为模式并不算是典范。

我经常会忆起这两段不约而同的陈述,那是如此美妙。这是我最喜欢的回忆之一。至少我们公司成立之初奉行的中心原则被保留了下来,尽管我们被收购、接管和兼并。我们的中心原则仍然是公开透明。

在这个至关重要的方面,我们仍然坚持着。得体正派的文化被保存下来。从这个意义上来说,没有什么发生了变化。

University｜大学

"找到一份在 TBWA 的工作,你最终可以学会如何运营一家广告公司。"

由于为自己的优秀员工屡屡流失到竞争对手那里而感到恼怒,2006 年 11 月,我们在巴黎《费加罗日报》刊登了这一整版广告。在标题后,我们列举了十几个广告领域的知名人物,他们全都拥有自己的公司。广告末尾对这些人如何在 TBWA 公司习得了自己的生意经作了一个简短的说明。换句话说,能在我们的这家法国公司工作,几乎是你最终获得广告事业上的成功的必由之路。TBWA 公司一直被认为是,而且永远是一座人才孵化基地。

要像我们这般在服务行业取得成功,重点是以人为本。我经常告诉分散在世界各地分公司的工作人员,他们需要吸引所在国家的大量人才,而且这些人才应该"不成比例"——我的意思是建立比分公司规模更大的人才库。这些人才可以来自公司外部，也可以是由公司内部培养出来。很多时候，"培训计划"出现在管理委员会议程的最后。这类计划也经常以时间不足为理由而被推迟。但我总是避免推迟这类计划，因为在我看来，员工培训十分关键。

就我个人而言，我喜欢教学。在20世纪70年代末，当电视广告在美国已经存在30多年，在法国存在大约10年的时候，扬罗必凯广告公司的管理部门请我构思一套关于电视广告的培训课程。为最不可能愿意接受的人群——创意型人才设计这样一套课程，的确是一个严峻的挑战。在我们伦敦分公司的创意总监和纽约分公司的生产部门主管的帮助下，我为这个项目努力了一年多时间。结果是相当有说服力的。课程涵盖了5个模块：理念与执行、图像的力量、活动的意义、图像与声音、专注力，每个模块的课程为时半日。我们分析了约200个能够找到的最好的广告案例，此外，也教授一些关于故事片的基础课。有两本书对我的影响最深，一本是新浪潮导演弗朗索瓦·特吕弗（François Truffaut）关于阿尔弗雷德·希区柯克（Alfred Hitchcock）[1]的著作，另一本是约瑟夫·麦克布莱德（Joseph McBride）[2]关于约翰·福特（John Ford）[3]的著

---

[1] 阿尔弗雷德·希区柯克，1899年生于英国伦敦，导演、编剧、制片人、演员。——译者注
[2] 约瑟夫·麦克布莱德，生于1947年，是美国电影历史学家、传记作家。——译者注
[3] 约翰·福特，1894年生于美国，导演、编剧，是影史最多产的导演之一。——译者注

作。经典故事片系列被一个镜头一个镜头,甚至是一秒一秒地分析。将影片分割成 30 秒以内的片段对于理解电影故事情节的构思是至关重要的。在我们设计的这些练习中,我深深记得"电报"模式,也就是说怎样用至多 20 个词去讲述一个故事。一个有思想的影片比起没有思想的影片更具解释力。

所以,我的第一次课程内容是关于电视的。30 年后,我为巴黎著名的政治科学研究所的传播学院做课程设计。那所学校的校长邀请我在 2006 年指导他们的硕士课程,我成立了一个工作团队来设计整个课程。18 个月后,我们提出并运行了课程设计方案。我在欢迎一年级学生的致辞里向他们解释了传播学的概念:传播学是一门有其自身权利、规律、能力、历史的学科。而广告行业需要具体的课程进行教学,它不能被分解为营销学或社会科学的一个分支,这是我们设计硕士课程的前提和基础。事实上,它与政治科学研究所提出的标准紧密相关。它带来了文化价值,也带来了额外的才智。正如一位教授所形容的那样,"从修辞学到数字科学",这就是我们教学的出发点。

在线课程

比起其他公司,TBWA 公司可以为这所新学校提供更多的师资力量。学校可以从我们公司的标志性案例中选取教学

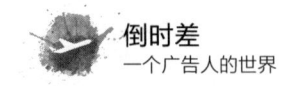

材料。TBWA公司在世界各地的员工对自己公司的这些经典案例了如指掌。一个出售给美国保险公司的好点子可以启发泰国某电脑编程公司想出解决问题的方法……我们已经向公司内网系统上传了案例研究、分析和演讲,并把这些资料按主题进行了编辑、归类和排序。这样做的结果是诞生了营销和广告领域的网络大学,它可能是业界内容最丰富的大学之一。我们将这所大学命名为 UDMA——颠覆与媒体艺术大学(University of Disruption and Media Arts)。

我们的大学包括 62 个模块,每个部分包含 1 小时的培训课程。种类繁多的课程囊括了我们的工作实践、颠覆和媒体艺术、关于国际客户的详细个案研究、关于领导力和公众演讲的特色课程等。大约 15 个模块涉及数字技术、新媒体形式和故事叙述。最受欢迎的模块之一是"我的第一个颠覆日",它包括怎样组织颠覆日的具体议程,以及需要注意避免的潜在陷阱和致命性错误。

从某种意义上说,在我们所创立的这一虚拟的交互性大学里,每个分公司都可以上传任何想上传的内容。分公司的员工们可以通过网络大学从自己同事的经验中学到东西。培训不需要分层次或等级,它应该是平等的点对点式的传播。

颠覆与媒体艺术大学拓展了 TBWA 公司员工在整个传播学科范围内的视野。对世界上越来越复杂和呈指数增长的学科知识的掌握,似乎可以更加增添我们实现在任何事上都领先一步这一目标的信心。除此以外,颠覆与媒体艺术大学

University | 大学

的真正目标还与人们一直所说的教育和文化方面的事情有关。你学得越多,就会越意识到自己所知甚少。颠覆与媒体艺术大学给 TBWA 公司的员工提供了一个机会,让他们发现在哪里可以找到他们不知道的东西。

未来的人才

我们的培训理念不止于此,还有一些如:"年轻血液""老虎学院""很短很便宜的电影节"等。

约翰·亨特创建"年轻血液"项目时是我们纽约分公司的负责人。"年轻血液"为加入该分公司的新员工提供了机会,使他们可以为我们最重要的顾客设计电影和广告。这不是任何意义上的实习。在这里,我们对待初学者和经验丰富的员工一样。2003 年,约翰发表消息说,TBWA 公司将在美国欢迎 12 名最优秀的年轻创意者,任何艺术学校或广告学的学生只需给我们发申请即可。申请的唯一条件是,他们必须过去从未在任何广告公司工作过。我们要的就是新的想法。

成千上万的人提交了申请,人力资源部列出了入围百强的名单,接下来我们的创意团队将名单人数缩减到了 20 个,约翰·亨特在甚至不知道他们是男性还是女性的情况下选出了最后的 12 人。他直接将 12 个人配对成 6 组,让他们一入职就可以投身于公司的重要事务。结果,其中一组参加了一次招标,给纽约分公司带来了大客户——Nextel 公司。"年轻血液"的方案如此富有成效，因此我们向德国、南非、中国、日本、马来西亚、印度及新西兰"出口"了这种想法。从那时起，约翰·亨特就成立了一个全球"年轻血液"社区俱乐部。"年轻血液"现在是 TBWA 公司文化的一部分，他们将新鲜的动力和大量的热情投入到了那些需要不断挑战自我的部门。如果我们与这些年轻人共事愉快，经过一年的试用期，我们将乐意聘请他们成为永久正式员工。

"当我们自己能够挖掘和培养工作的佼佼者时，我们为什么要尝试聘请来自企业外部的业界大腕呢？"约翰·亨特反问道。大部分的年轻人在其他企业可能也会做得一样好，但我们的平台是为了给他们在接下来的几年提供一个非常良好的开端。克雷格·艾伦(Craig Allen)是我们"年轻血液"项目的第一批成员之一，三年前他离开了我们公司。之后，他就设计了著名的老香料系列广告——"男人就该有男人味"。2011年，该广告在美国比其他作品赢得了更多的奖项。这充分证明了"年轻血液"项目的价值。

颠覆与媒体艺术大学是为所有那些在 TBWA 公司工作的人而存在的。"年轻血液"致力于培养年轻的创意人才，而"老虎学院"则是未来领导人的摇篮。它将整个公司最好的人才凝聚在一起，每年诞生 20 个最有希望的人才。"老虎学院"引导人们去回答这个问题："为什么会有人想要我成为他们的老板？""老虎学院"的目的之一是提高最有前途的人才对 TBWA 公司的忠诚度。我不觉得我们在这一方面已经取得足够的成功,我们的"保留项目"一直没有进展,加入"老虎学院"并没能阻止一些人离开。但那些留下来的人才与其他的同事建立起了更强大的国际联系。他们差不多每天都会交流,从而形成了一个足以加强我们内部关系的虚拟社区。

我们还设立了一个让每个人都有机会当导演的项目,为他们提供了无拘无束又趣味十足的机会,这就是"很短很便宜的电影节"。12 000 名 TBWA 公司员工全部都有机会拍摄一部 30 秒的广告电影。起初,我们鼓励参加者选择与我们公司业务相关的品牌进行拍摄。现如今拍电影花费的成本并不多。在第一年,约翰·亨特收到了数十部电影。到第二年,他收到了几百部影片。那时起,他就决定指定拍摄的品牌,电影节的参与者将被要求为特定的客户工作。首先给他们指定的品牌是宝路,下一年的指定品牌是绝对伏特加。来自 50 个不同城市的 315 部影片都拍的是绝对伏特加。这些影片的制作者中不乏有创造力的人才,有"年轻血液"的成员,也有会计和财务经理。最终 YouTube 上展示了关于绝对伏特加的 8 个作品,绝对公司也愿意出资让他们重新拍摄两部广告。结果就是,来自菲律宾的"绝对伏特加的拥抱"和来自德国的"绝对伏特加洗衣店"这两部广告在重要的电视频道上播出。这也说明了"很短很便宜的电影节"的时代已经到来。

你们问我何必要创办颠覆与媒体艺术大学,运作"年轻血液""老虎学院""很短很便宜的电影节"以及其他类似项目?为什么要花费这么多钱和时间去组织所有这些项目呢?因

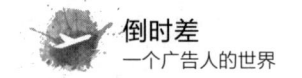

为，正是这些项目给我们增加了在 TBWA 公司内部发现未来人才的机会。我们希望客户在拥有选择余地时，我们仍是他们的首选。

半数在 TBWA 公司工作了近 10 年的人已经加入了我们的队伍。我们不该忘记这一点。

Vision ｜ 愿景

"'不可能'并非事实,而是一种态度。"

这些超大字体的文字出现在建筑物的外墙上。我看了看穆罕默德·阿里(Muhammad Ali),想着他可能对自己也说过这样的话。外面下着雨,而我们在一座体育馆里,大约一百人围在他身边。几把椅子随意地摆放着,阿里坐下来,随后他家人也加入其中,包括他的女儿莱拉,世界中量级拳王。

在金沙萨与乔治·福尔曼(George Foreman)对抗的那场著名的"丛林之战"中,8 个回合里,阿里受到了比他更强大的对手的接连打击。他被直击头部却没有退缩,接着他被栏绳弹回。阿里出色的腿部功夫此时没派上用场,因此没能像往常那样与对手周旋,以致尽失风采。以往面对众多对手时的那种傲慢冷酷也已不再,他看似已无胜出的可能。但是,这种看起来无能为力的样子竟然是一个战术。这是一个令人难以置信的勇敢策略。他的计划是这样的,比赛开始后,让福尔曼展开猛攻,耗尽体力。接着在第8轮,福尔曼因体力不支被击倒。穆罕默德·阿里赢得了他职业生涯最残酷的战斗。这是一个不可思议的胜利,证明了阿迪达斯在30年后告诉世界的理念:"没有不可能"。

2003年春季的一天,来自阿迪达斯的一些朋友聚集在这座体育馆。许多孩子都围着阿里转,他会抚摸他们的脸,尽可能和每个人握手,也包括我们的孩子。我惊讶地发现传说确实不虚。来自哈莱姆街区的只有10岁或12岁的孩子们对他表现出了令人难以置信的崇拜。阿里生病了,但疾病没有削减他的魅力。几分钟前,在哈莱姆区中间一个路口的高台上,他为两张巨型人物海报揭了幕。一张是他,另一张是他的女儿。两幅人像面对面站着,传达了阿迪达斯的新品牌宣言:"'不可能'这个词常挂在得过且过的平凡人嘴边,他们被动且缺少探索并改变世界的力量。'不可能'不是事实,而是一种态度;'可能'不是宣言,而是一种胆量。'不可能'是潜在的,是暂时的。没有什么是不可能的。"

那天晚上,我在前文提到的那则广告在电视上首播。高超的特技效果让我们得以设计出一场阿里和他女儿之间真实的比赛战斗。跑动、转弯、击打,这些一一呈现在电视画面中。莱拉从下方挥拳,击中了父亲的下巴,阿里在退避到拳击台的角落后,向女儿投以赞赏的目光。他女儿的声音提醒我们,当时所有人都建议阿里不要参加对抗福尔曼的"丛林之战",他会将阿里置于死地,结果阿里完成了不可能的事情。

阿迪达斯一向是真诚的,这个来自德国的品牌与每个做运动的人都相关,无论他们是专业人士还是业余人士,是国际明星还是在建筑工地泥土跑道上奔波劳碌的工人。我们需要找到一个词来表达阿迪达斯的所有信条,或者说,阿迪达斯怎样知晓每个运动员在竞技时的想法。不论处于哪一种水平,业余运动员和国际运动明星都有一个共同点:他们最新的个人最佳成绩已非常难以跨越,但最后他们突破了之前的记录。这使未来挑战"不可能"的难度升了一级。这种情况很常见,在星期日打球的高尔夫球手、慢跑者、玩棒球的孩童都知道"不可能只是一个态度"。

这就是当时阿迪达斯公司的愿景和构想。我们的工作是帮助客户确定他们看待自己品牌的方式。像许多营销词汇一样,"愿景"似乎是陈词滥调。不过,我们还没有找到一个更好的词来表达即将发生的未来。愿景构建是一种精神形象,一个代表品牌能走多远的假想图。

我们喜欢把品牌愿景浓缩成一个短语:"不同凡想""没有不可能""狗狗说了算"(Dogs Rule)。收集两到三个字的短语似乎毫不费力,好像只用几秒钟就能发现它们。之所以会给人留下这样的印象,是因为它们如此正确。要评判它们为什么是好的,你只需要考虑所有可能的替换用词即可。可以用来描述苹果、阿迪达斯或宝路的广告语数以千计,那么为什么敲定了这些广告语而不是其他? 因为它们抓住了品牌的本质。它们为一系列新的措施手段提供了起点和灵感,从而进一步明确品牌标识。

在阿迪达斯刚开始提"没有不可能"的时候,就有一个创意使这句口号变得更加意味深长。"垂直足球"广告是一个著名的案例。我们在东京的一个大厦顶部悬挂了一幅四十米长的巨型海报,并在上面画了一个小型垂直足球场。两个玩家系着绳索,每天进行几次持续数分钟的比赛。他们飞在空中,反复地做杂技式跳跃,踢凌空球。这是一个让人震惊的场景,300个来自各大洲的电视频道转播了比赛,在东京产生的一个想法得到了全球性的传播。美国有线电视新闻网CNN将它命名为"空中足球"。

一个足球守门员跃身而起时身体呈弧线形。在德国世界杯期间,当你离开慕尼黑机场时,会看到我们在公路上建造了一座35英尺高的桥梁,形状是德国国家队守门员奥利弗·卡恩(Oliver Kahn)接球时纵身而跃的样子。两年后,我们把切尔西足球俱乐部的守门员彼得·切赫(Peter Cech)的照片放到了维也纳摩天轮上,这座摩天轮因奥森·韦尔斯(Orson Welles)[①]的作品而扬名。他的双臂如同毗湿奴神那样辐射开来,预示着没有任何球会越过他。

在新西兰,我们的分公司对全黑队(All Blacks)很关注,这是橄榄球世界冠军球队。有一天,他们请求每一名球员献出一滴鲜血,然后把它们与打印机的墨水混合,用来做海报。

---

① 奥森·韦尔斯,美国演员、导演、编剧、制片人。——译者注

Vision | 愿景

当这些海报出现在奥克兰和惠灵顿时,每个人都知道这包含了运动员们的鲜血。海报名称为"血缘"(Bonded by Blood)。想象这会在一个将全黑队视为神明的国家所产生的影响力。当全黑队去欧洲参加第27届世界杯时,我们把几克从新西兰橄榄球场上采集的土壤填在了一些玻璃胶囊里。到了欧洲之后,全黑队把这些在祖国大地采集的泥土分撒在欧洲比赛场上,以注入他们先辈的精神。这一系列想法、创意和事件的力量是无穷的,它们赋予了品牌理念"没有不可能"内涵,我们称之为"有思想的创意"。

品牌信条

当一个品牌的愿景构想已被认定,这意味着品牌可以调整它的相关策略,从新产品开发标准到新包装设计,再到新的传播方式,品牌策略必须围绕愿景展开。愿景是一种标准。

品牌的愿景必须用简单的一句话或几个词描述,但它也需易于扩充成一个更长、更详细、更打动人的版本。概括这一点的术语是"品牌信条"。品牌信条的两点要素已经被提及。我们用渣打银行的案例说明第一点,用苹果的案例来说明第二点。在第一个案例中我们看到,银行在某些事务中经常被这样质疑:银行能平衡野心和良心吗?生活中并非所有东西都能被金钱衡量,银行能既关注利润也关注赚取利润的方式吗?而渣打银行希望在这方面重塑尊严。在第二个案例中,

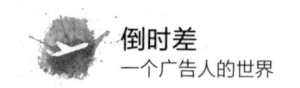

我们让苹果以宣言的方式赞美创造力:"这里是疯子的世界,诸如不合时宜的人、反判者、麻烦制造者、不合群的人、那些从不同角度看事情的人。你可以赞美他们,否定他们,引用他们,质疑他们,颂扬或是诋毁他们,但你唯一不能做的就是忽视他们。"

维珍唱片公司(Virgin Megastore)法国分公司坐落在巴黎的香榭丽舍大道,位于一个独特的观演建筑之内。它开张后,曾有人将其称为"音乐的教堂"。这就是为什么当它的首席执行官帕特里克·泽尔尼克(Patrick Zelnick)请我们助推营销时,我们认为这需要超越常规的零售商推广模式,即以广泛全面的产品类别和低价格吸引消费者的竞争策略。我们认为维珍唱片是音乐产业的神殿,所以我们发表意见:"对于音乐来说不会有太多的空间……"最终敲定的广告语像宣言一般:"调高音量,音乐让你流泪,让你的头发竖起,踏着节奏融入人群。我们致力于能够带来情感上沉默的音乐,我们要做地球上拥有最强大力量的孩童。这就是音乐。"

苹果鼓励创造,维珍歌颂音乐。这两个品牌都很好地阐释了自我。在对客户描述他们的品牌时,我肯定这么说明了好多次。早在1980年,我们就习惯说:"一个品牌不应该满足于现有的排名,它必须对自我进行角色定位。"

另一个例子来自宝路。保罗·迈克尔斯(Paul Michaels),玛氏集团(Mars)的首席执行官。他签署了一个关于品牌新愿景的宣言,宣言的内容被印成了一份名为"Dogma"的小黄

Vision | 愿景

皮书。在黄皮书中,他表示宝路应不仅仅是狗粮行业领导者,它应有更高的目标——成为能让人们爱上狗的品牌。"从狗粮生产企业到爱狗人士的公司"就成了我们的运作方式。一夜之间,宝路的售货员开始呼吁买家与他们的狗一起逛沃尔玛和家乐福。不喜欢狗的产品经理被调任到了玛氏的其他部门。公司还推出了一场大规模的活动,来鼓励人们收养被遗弃的狗。潮水般的真诚打破了宝路原有的品牌形象。

当我重读我们的宣言时,不禁想起为我们信任的品牌赋予意义是多么地重要。这些宣言常常能提供具体的品牌愿景。这体现在他们的日常语言交流之中,像阿迪达斯、宝路和苹果,各以其方式,选择更高且越来越高的目标。

活跃的公司

在 20 世纪 80 年代早期,百事的老板是魅力无限的约翰·斯卡利(John Sculley)。百事的电视广告一直追随着可口可乐的脚步。迈克尔·杰克逊(Michael Jackson)、莱昂纳尔·里奇(Lionel Richie)主演的商业广告充斥着电视荧屏。新闻舆论赞不绝口。当时,史蒂夫·乔布斯还不到 30 岁,他需要一个苹果公司的首席执行官,一个能够站在他身边,巩固和加强他所创公司取得的成功的人。在那个时候,苹果是一个还没有进入大众市场的公司。乔布斯见到斯卡利之后没有马上面试他,而是问了他一个问题。这个问题后来世界闻名:"你

倒时差
一个广告人的世界

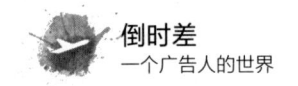

想卖糖水一辈子,还是想和我一起去改变世界呢?"斯卡利在百事可乐是如此成功,以至于他的前途光明且稳定。与雄厚的财力、成千上万的员工、数万同行认可相比,乔布斯的挑战简直不值一提,但他得到了"改变世界"的回答——约翰·斯卡利加入了史蒂夫·乔布斯的公司。

苹果改变着我们生活的每一天。它通过普及电脑为我们做了一件令人难以置信的好事。你可能会觉得苹果是个个案,对运动鞋和狗粮总不能有雄心勃勃的想法吧。我不认同这一点。每一个企业都有改变世界的责任,即使是从细微处着手。否则,商业就是纯粹的犬儒主义。在宝路的努力下被收养的成千上万的流浪狗,以及那些在阿迪达斯赞助的篮球场上玩耍的孩子都是鲜活的证明。世上没有小贡献一说。

愿景就是给自己一个轨迹。没有愿景,品牌就会失去其影响日常生活的意义。它能使员工意识到在企业价值观的影响下,他们的公司在前进。愿景是一种承诺。作为事情发生的前提,它激励和规范着行动。

今天,在促销活动和产品销售中,品牌成为消费者抉择的要素。前文我提到了百思买,这家以卓越的销售而闻名的企业,它的品牌愿景至关重要,可以概括为"只为服务,不求售卖"。例如,百思买鼓励客户在推特上请教公司的销售人员如何很好地度过每一天。这是很好的售后服务。百思买并没有停止更进一步的步伐,它甚至希望那些从未踏入其门店的人在推特上联系他们的员工。换句话说,百思买的员工和他们

Vision | 愿景

从未见过的人在推特上交谈所花的时间,与其在实体店卖给顾客商品所花的时间一样多。

在法国,至少有三家我们的客户在营销活动中作出了典范:法国国家铁路公司、超级 U 连锁超市和麦当劳。我们从拥有铁路的法国国家铁路公司开始说起。它的老板,纪尧姆·佩皮一刻不停地想着新的方案,使得该公司在欧洲成为行业引领者。当乘客抱怨他们不能获取足够的信息时,一款"直通 SNCF"的应用程序让乘客了解到详细的实时信息,在几个月内,有 400 万人下载了这个软件。纸质火车票似乎过时了,最近你只需要出示苹果手机上的电子票信息即可,电子票是条形码的形式,包含了铁路工作人员需要知道的一切内容,不需更多的等待、售票机及打孔检票。渐渐地,这个国有企业引入站点日托中心、维修店、医疗室、干洗店、超市和快餐店,所有这些想法都是为了缓解匆匆而过的旅客的紧张感。公司也为高级旅行者服务,他们会把你的包送到家,这让许多老年人也感受到旅行的乐趣。虽然经济形势不容乐观,但法国国家铁路公司越来越了解客户并日复一日地为他们做好服务。这是它应尽的使命,它从一个公共事业机构转型成为一个服务至上的公司。

超级 U 连锁超市是法国成长最快的食品零售商。与通过保持低价挤压供应商相比,它有更多竞争策略。在老总瑟奇·帕潘(Serge Papin)的护佑下,公司总是不断寻找创新的方法。它规定了大多数食材的种植地必须在销售点 30 英里

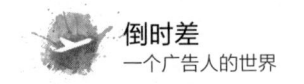

范围内；它支撑着超过 1 000 家法国有机牛奶生产商；它通过优先选择本地生长、区域性的季节性产品，保护当地的就业；它拒绝出售濒危鱼类；它秉承着减少浪费的原则，尤其是在包装方面；它是为结合产品生产和食品安全的可持续农业而努力的标兵；最后，更主要的是，它自愿禁止那些安全方面存在某些问题但仍允许流通的物品，换句话说，远在任何立法禁令约束前，它已经在考虑客户的合法健康问题而决定什么东西能上架。诸如超级 U 这样的大型零售商不再只是机械地出售商品，也不再只追着大品牌跑，把它们的产品填补到货架上。在许多重要的方面，不管是社会影响，还是其他方面，这些主要的零售商确实处于领先地位。超级 U 的广告中提到，为了所有人的利益，这里的"人"意味着制造商、中间商、消费者和公民。

最后一个例子是麦当劳。过去的 10 年里，在让-皮埃尔·佩蒂特的领导下，法国麦当劳推出了一系列的措施。它签署了一项农民条约，引入了创新青年就业的政策，保证产品采购质量。同时，它与法国教育部和学者们进行合作，与法国市长协会联合推出了一项废物处置计划，并且餐厅只使用可再生能源……麦当劳曾经被视为美国资本主义的象征(故而法国媒体不会对其特别关照)，因为这个原因，过去，麦当劳公司有一种内敛的倾向。它标榜产品，而不是它自己，它躲在产品后面。有一天，它决定通过一系列坚定承诺站出来，于是，法国麦当劳举办的公民倡议活动多到不可计数。

Vision | 愿景

意义探索

"目标"这个词在企业经理口中使用的频率越来越高。他们高谈"品牌目标"或"公司宗旨"。有段时间,世界经济似乎迷失了方向。随着金融管制的放宽,人们心中对混乱产生了不安,老的民主国家和新兴国家的人都在担心未来。探讨"目标"这个词如何重返商业界并得到青睐,颇为有趣。"目标"不仅仅是一个目的,它预示着决心,意味着对意义的探索。

宝洁公司的全球营销和品牌总监马克·普里查德(Marc Pritchard),作为行业里最具影响力的人物之一,在 2010 年 10 月的全国广告商协会会议上发表了以"目标"为主题的演讲。演讲中的几段节选得到了不少美国媒体的评论:"对世界棘手的社会问题和环境问题,人们不再是旁观者。他们正在加紧行动,也希望我们去做同样的事情。在这变化的世界中,人们想知道在我们的品牌和我们的公司背后有着什么,想知道我们是否认同他们的价值观。因此,他们所关注的是改变这个世界和人们的生活,而不仅是赚取金钱。"还有诸如"我认为这意味着我们需要改变,从产品销售转变为改善生活"。最后马克·普里查德总结道:"这意味着我们将从营销走向服务。"

当然,这样的论断引起了一定程度的怀疑,特别是在欧洲。我们相信企业需要考虑自己的业务。像普里查德所发出的这种声音和宣言似乎更像是提高跨国企业接受程度的一种

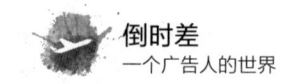

尝试。然而,我可以作证,这个演讲非常真诚。我可以作证,宝洁旗下品牌的策略一定程度上进行了修改,以达到新的愿景。这些品牌的目标远不止产品利润。对此,宝洁公司的经理解释道,帮宝适的目标已经从"超干爽纸尿裤的利润"转换为"婴儿成长的理想"。

在《友爱的公司》(*Firms of Endearment*)这本书中,作者们分析了30家企业,发现它们都受到一个目标和理念的支配,其中包括谷歌、百思买、全食、西南航空公司和强生公司等。他们注意到这些公司从未建立以股东利益为首的目标,员工、客户、供应商和消费者都会处于优先地位。他们还指出,这些公司比其他公司盈利更多。这对我来说是一个重大的启示,如果一个公司的目标不仅仅是赚钱,那么它最终赚的会比预期的更多。在这样的公司中,员工流动率较低,生产效率更高,利润也更具弹性,所以它们的股票更能保值。

在宝洁公司,吉姆·斯滕格尔过去常常坐在马克·普里查德的椅子上。他告诉 GSD & M 广告公司的罗伊·思朋斯(Roy Spence)有关帮宝适的以下内容:"扪心自问,每一位母亲都关心的一件事是什么?她关心的是她的孩子各个方面的成长。所以我们以此展开了我们的想法。我们从一个注重功能性利益的品牌,转变成一个为世界各地的母亲提供婴儿身体、社会和情感发展方面帮助的品牌。公司开始启发人们,想象力开始起飞,创新的议程开始改变。当我们确定了熟睡是健康发展的关键时,我们开始问这样的问题:在帮助婴儿获得深度、健康的睡眠,让他们醒来以后能够精力充沛,以促进大脑良好发育方面,帮宝适扮演着什么样的角色?我们做了那个领域的临床研究。"

我们已经走过了漫长的道路。当我开始涉足广告行业时,我从没想过一个出售洗涤剂和尿布的公司会做这样的事情;我从未想过我会主持"颠覆日",与客户们讨论5年或10年的愿景;我也从来没有想到过我们的业务会涉及设计苹果手机的应用程序、在社交网络上聊天,或者举办让世界各地的新闻记者争相报道的活动。我从来没有想过最好的将会到来。所有的一切,尚未被创造。

伟大的法国诗人保罗·瓦莱里(Paul Valery)曾经发出感人的探问:"如果我们不能指望那些并不存在的东西的帮助,我们将会变得怎么样?"

Wells ｜韦尔斯

"如果我们保持谦虚,我们将会变得完美。"

在创立韦尔斯·里奇·格林广告公司两年后,玛丽·韦尔斯的搭档迪克·里奇(Dick Rich)发出了这个挑衅性的声明。

玛丽·韦尔斯和她的伙伴们是美国广告业黄金时代的佼佼者。他们的公司成立于1966年,是美国广告业历史上发展最快的公司,并赢得了众多知名的客户,如金边臣、吉百利、美国汽车公司、宝洁等。它还设计了一些最具影响力的商业活动。让玛丽·韦尔斯名声大噪的一则广告甚至拯救了一家衰落中的航空公司——布兰尼夫(Braniff)。在广告中,玛丽设计把所有的飞机涂成鲜艳的颜色,让古驰公司(Gucci)为空姐设计了新的制服。正如广告语所说的那样:"无聊飞行的终结。"

他们以双关语的形式邀请美国人休息片刻,抽一抽长度非比寻常的金边臣香烟。一则广告中则展示了一位时尚绅士的金边臣香烟被电梯门夹成了两段(当时人们可以在电梯里抽烟),随后许多其他商业广告纷纷效仿。在这之前,没有人敢在广告活动中破坏产品。从那时起,该品牌就与之前僵硬呆板的英国形象全然不同了。一夜之间,金边臣香烟被当作酷炫的代名词。韦尔斯广告公司还为那幅非常有名的"I love New York"巨型海报提供了创意,这幅海报由密尔顿·格拉泽(Milton Glaser)[①]设计,其中,"爱"被红色的心形所替代,自此之后,它的样式被成千上万的人复制。

玛丽·韦尔斯以让她的创意团队为没有见过的客户工作而出名。她会组织会议,与客户公司的首席执行官讨论,把文案人员想出来的广告文案抛给他们。有一次,她就这样遇到了布兰尼夫的首席执行官,最后嫁给了他。正如俗话说的那样,这是最早的"长距离"婚姻之一。她的丈夫哈丁·劳伦斯(Harding Lawrence)住在达拉斯,而她住在纽约。所有的八卦杂志都在讨论这对光鲜亮丽的夫妻。几年后,玛丽·韦尔斯与布兰尼夫公司解约,承接了环球航空公司(TWA)的广告业务。然后她又换成与泛美航空公司(Pan Am)合作,这个著名的航空公司如今已经离开我们的视野,虽然有关它那把派克大街一分为二的著名大楼的记忆仍然存在。

[①] 密尔顿·格拉泽,美国最著名的平面设计师之一。——译者注

倒时差
一个广告人的世界

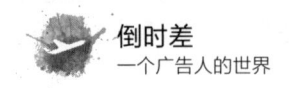

麦迪逊大道

韦尔斯·里奇·格林广告公司的玛丽·韦尔斯是第一个登上《财富》(Fortune)杂志封面的女性,她是纽约证券交易所上市公司中的第一位女性首席执行官。她在《纽约时报》上说:"女权主义才崭露头角——这仅仅是在东海岸和西海岸散播的一个谣言。"1968年她的公司上市,然后在失去一些客户之后于1974年除牌。这样的一来一回,使得她能以一个明显低于市场价格的低价把公司收购回来,而她自己的财富也明显增加。

随后几年里,大把大把的钱在所谓的"创意革命"中流入了广告业。以大卫·奥格威为代表的广告业前辈被边缘化,大卫说道:"这就像是疯子占领了精神病院。"那些年在行业中最杰出的人物之一是杰里·德拉·范明(Jerry Della Femina)。作为《广告狂人》(Mad Men)的编剧顾问,1970年,他34岁时写了这部电影的原著。我经常在曼哈顿第54大街的餐厅与他共进午餐。现在他开了一个新的公司,可能是他的第4家广告公司。他在接受《纽约时报》采访时说:"一次疯狂便永远疯狂。"

玛丽·韦尔斯是麦迪逊大道的女王。1990年,在纽约的一个新闻发布会上,她告诉全世界要卖掉自己的公司。就在前几天,作为她邀请的客人,让-克劳德·鲍莱特和我在西印度群岛上待了一周。玛丽·韦尔斯生活得就像好莱坞的电影明星,她活得像了不起的盖茨比。我参观了她的居所,数了数她仆人的数量,同时也统计了为参加她女儿的婚礼越过大西洋上空的私人飞机数量。这些人中的大多数是像雅诗兰黛这样的客户或前客户。玛丽·韦尔斯邀请大卫·尼文(David Niven)[1]在她出色的脚本中融入其高贵庄严的声音。这样,他们一起录制了一些广告旁白,并成了朋友。他给她介绍了很多明星,从弗兰克·西纳特拉(Frank Sinatra)到格蕾丝·凯丽(Grace Kelly),而这些人并不在她邀请至法国里维埃拉的费拉角的客户之列。在那里,她有一套房子,有时,菲亚特汽车公司(Fiat)的首席执行官和主要股东,受人尊敬的意大利汽车制造商——乔凡尼·阿涅利(Giovanni Agnelli),会从蒙特卡洛漂洋过海去看她。

　　1969年,金融媒体向全世界宣告她是美国收入最高的商人。在任何情况下,她的收入都远高于那些广告行业的男性高管。一位著名的《纽约时报》评论家曾描述玛丽·韦尔斯的生活极尽奢华至"精彩美妙到无与伦比"的地步。《广告时代》写道:"她是广告业最广为人知的魅力、成功、财富、智慧和美丽的象征。"她在采访时经常会说一些诸如"肾上腺素""能量""不因循守旧""不敬""戏剧""华丽"这样的词汇。卖了公

---

[1] 大卫·尼文,英国著名演员。生于伦敦一个贵族家庭,父亲曾任军官。——译者注

司之后，她郑重宣布，"女王已死"。

2002年，她出版了一本回忆录，名为《广告界无冕女王》(A Big Life in Advertising)。它出版时，一个来自《纽约时报》的记者采访了我。秉承着坚持事实的原则，我没有恶语相向，我怀着敬意说韦尔斯·里奇·格林公司将永远是一个世界闻名的最有创意的广告机构。但我又补充说，玛丽执掌了公司太长时间。当我们与之合作时，很难在几乎同等的条件下开展业务。

这是一种赞赏而非苛刻评价，但玛丽不这么觉得。

洞察力

有一天，一个记者问她关于英国广告的问题。在20世纪70年代，伦敦的广告公司办得如火如荼。像我这样的初学者觉得"创意革命"已经越过大西洋，伦敦取代了纽约。玛丽·韦尔斯不认为如此，她说："这是英国广告业所能被设想到的顶峰时期。的确，英国的广告往往是诙谐抑或滑稽的，但美国人知道如何探索人们对于饥饿、性、父权等的情绪。我相信，我们仍领先他们10年。"她是对的。英国广告一直保持着英国的保守，而美国广告最大的优点在于比他者更能勾起人们的欲望和抓住人们的情绪，它知道如何打动人。

有个很好的词可以用来描述日常生活中人们的敏锐感知，这个词是"洞察力"。一则美国广告曾如此发问："你遇到你老板在比你更年轻时所遇到的瓶颈期了吗?"这是一个很好的富有洞察力的例子。当它发问的时候,我无法用言语形容。洞察力在于确定一些小细节,这些细节的相关性和准确性在其被表达出来的瞬间即能够凸显。洞察力侵入人们的生活和思想,任何富有洞察力的广告都具有深远的影响。

玛丽·韦尔斯有着强烈的洞察意识。她的一个广告足以使看起来毫不起眼的药片成为那些热爱生活的人们生活中必不可少的存在。其实我说的是阿尔卡-赛尔兹公司(Alka-Selzer)的广告:一个男人坐在床边,双手捂着头,他的妻子背对着他,男人一遍又一遍地小声嘟囔:"我简直不敢相信我把它们都吃了。"这样一个平淡无奇的情景设置,加上些许表演成分就成就了一个经典广告。它把阿尔卡-赛尔兹推到一个新的位置,使之成为一种能帮助人们愉快生活的药。的确,玛丽在阿尔卡-赛尔兹的广告中,都会以这样一句广告语结束:"如果不吃阿尔卡-赛尔兹,那么你什么也不是。"同时,通过建议两包一起吃更有效,玛丽的做法带来了销售上的飞越。在短短的几年内,阿尔卡-赛尔兹的销售额剧增。50年后的今天,大多数人在使用阿尔卡-赛尔兹时还是依照玛丽的建议。

"女人不再不惜任何代价让自己看起来年轻,如果她们知道每一个年龄段都有它独特的美丽。""晚上睡得好的婴儿将得到更好的身心发展。"这两种见解不仅激发了广告活动方面的灵感,而且促进了玉兰油及帮宝适创造力和新产品的发展。强生做了一个"宝贝改变了一切"的广告,很少会有父母不认

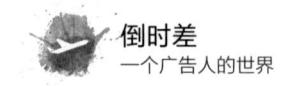

同这个观点。宝洁公司有其独特的界定洞察力的方式,它发现,让消费者察觉到"你很懂我",能够调动他们的消费情绪。

在 TBWA 公司,我们有机会去真正明白是什么使得视频游戏玩家如此兴奋。这些人往往花费了一生中大量的时间沉溺在自己喜爱的角色之中。你可能会"洞察"到,他们只有坐在控制器前才能感觉活着。在几年后我们为英国的索尼 PS 游戏机做广告时,这一发现启发了我们。广告中一系列古怪的人物以晦涩难懂的语言来背诵奇怪的诗,他们一个接一个地描述着自己所做的事情:

"白天我搭公交车,去做我的工作。"

"但到了晚上,我的快乐生活降临。"

"我变得暴力,甚至有点沉迷于它。"

"我已经表现出对生命、躯体和财产的漠视。"

"我指挥军队,征服了世界……"

最后发声的人总结:"虽然我过着双重生活,但至少我可以说,我曾活过。"的确,索尼 PS 游戏机让人过着双重生活。

要获得洞察力,你必须保持好奇之心。你要善于观察,有时,观察能导致你所提出的建议超越广告甚至超越商业。在约翰·亨特的书中,他提到了一个有关洞察力的触动人心的例子。在许多非洲国家,需要走几英里才能打到井水。通常,这是孩子们的工作,他们每天需要走很长的距离以确保家里有水可用。即使断电时不得不用手摇,孩子们也还是很喜欢玩抽水用的旋转木马。现在,许多村庄使用这种旋转木马带动水泵，把水输送到居民家里，尤其是在学校附近。孩子们不再需要拎着水桶走好几英里，打水已经变得很有趣。约翰用这个故事表明当洞察力用语言表达以后会显得尤为突出，但想出一个主意可没那么简单。约翰说："我们的工作是要对事实有所'洞察'。"

在这本书的法文版中，我留下了一些没有翻译的英语单词或短语。因为我用了诸如"insight""sense of purpose""single-mindedness"等很难进行准确翻译的词。我的许多法国朋友不喜欢这样，他们希望保持语言的纯正。但有些话，当它们被翻译后，就会失去一部分意义。事实上，一个词很难由一种语言翻译成另外一种语言说明了一些问题。这表明，这个词表达的概念，在目标语言中尚属未知或者陌生，因此尚未发明出对应的字眼。与其找个近似的词，似乎还不如使用原来的英语单词。所以我会继续鼓励法国人们使用"insight"这样的词来丰富我们的概念方法。如果法国的专业广告人士停止使用这些词的话，他们会丧失丰富思想的途径，使自己在与美国和英国的竞争中处于劣势地位。

他们可能也会证明玛丽·韦尔斯是对的，"洞察力学"依然是美国广告公司的专长。

X Generation｜X 一代

"你最害怕的是什么？"

"你最喜欢一天中的什么时间？什么会让你怒不可遏？"来自16个不同国家的300名受访者正在回答一系列不同寻常的甚至一些私密性的问题。这些问题与寻常的问卷调查相比可谓大相径庭。我们正在尝试洞察"Y 一代"[①]内心最深处的想法，他们又被称为"千禧一代"。来自世界各地的不同答卷勾勒了这一代人的整体肖像。

晏-阿蒂斯·贝特朗（Yann-Arthus Bertrand）是一名法国摄影师和电影导演，他因为环境保护行动主义的行为被人熟知。2009年，他组织了一次精彩的巡回展览，第一场就办在了知名的巴黎大皇宫（Grand Palais）。这次展览名为"60亿他者"（Six Billion Others）。他的团队采访了来自世界各地的人

---

① Y 一代：概念来自美国，通常指20世纪80年代后出生的一代人。——译者注

们,目的是勾画出我们当代人的集体形象。他们对庞大的、匿名的、综合性的数据不感兴趣,而是专注于那些有意义的、敏感而有深度的回答。他们的目的是反映出当代人所共有的一些特质。阿富汗的渔民、越南的裁缝、丹麦的雕刻家、巴西的农夫、佛教的僧侣、巴黎小酒馆的店主,这些人讨论着各自的梦想、担忧、目标和希望。2009 年初,法国大皇宫内扎满了蒙古式圆顶帐篷。每顶帐篷中的屏幕上都播放着一个采访视频,这些视频总计有 300 个,是从数千份采访中甄选而出。所有这些采访内容深刻刻画了当代人的心理现状。翻阅展览的观众留言簿,你会惊奇地看到,很多观众都慨叹被深深触动。他们"很高兴能成为这 60 亿居民中的一分子"。

贝特朗是想对世界群体的多样性提供一个准确描述。正是这次冒险,鼓舞了我们去更好地理解地球上有史以来数量最庞大的一代人——Y 一代。谷歌搜索引擎提供了大约 300 万条有关这个群体行为的研究参考。你可能会想,所有有关千禧一代的事人们都已经讨论过了,除非你真正深入地去尝试理解 Y 一代人群外表之下的特质,深入他们内心的本质,尝试体会他们的真实感受。我们设计的问卷鼓励受访者吐露真切的私人情感。我们采用了贝特朗电影式的表现方式,近距离地拍摄受访者,让他们直面镜头,记录下他们的每个细节。

描绘千禧一代

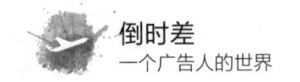

　　一个星期六的早晨,我们的工作在纽约展开。30个来自这座城市的千禧一代参与了拍摄。公司的首席运营官伊曼纽尔·安德烈指导了整个活动。首先,他走上街头寻找那些看上去有着与众不同气质和吸引力的人,并上前询问这些人是否愿意参与到一个艺术性项目中来。伊曼纽尔没有告知他们这是个广告项目,他只是说"请给我1个小时的时间",然后把人们带到工作室里,接着便开始提问:"在你身上发生过的事情中,哪件对你最为重要?""如果由你来统治这个世界,你想做的第一件事情是什么?"共提了12个类似的问题。

　　伊曼纽尔意识到,他收集到了思想、想法以外的更多东西。他成功地捕捉到了受访者的内心情感。他注意到许多细节,诸如手势、表情、犹豫、不确定和肢体语言等,这些和受访者自身的回答同样重要。这样的采访在全世界其他16座城市不断重复,我们把337次访问交谈记录下来,之后又将受访者的回答不分地域地进行剪辑。当你浏览这些发布于一个互动平台上的照片和影像时,你能够听到整个一代人的声音。公司的策划者们将这些原始素材影像推荐给了客户,一些客户希望进一步拓展这项研究,探究这些年轻受访者对于他们的品牌有何感想。他们想要的就是这样一种真实和客观的反映,而不再满足于空洞的、定量的分析数据。

X Generation | X 一代

我们也应当用同样的方式去审视"X 一代"。X 一代包括了从 1960 年到 1980 年出生的人们,罗伯特·卡帕(Robert Capa)[①]称这些人为 X 一代,是因为他发现难以简单定义这代人身上的特性。他们似乎穿越了整个年代却没有发出一点动静。X 一代始终生活在他们父母一辈的阴影之下。事实上,X 一代与 Y 一代最大的行为差异并不来源于两代人之间,而来自于他们与之前的婴儿潮一代之间。

X 一代与 Y 一代,两代人之间有许多相同之处。他们的生活标准都不曾超越他们的父辈。他们年过三十,依然被称为年轻人。他们面临着失业。他们想过极致的生活,但又不再相信工作可以帮他们达到这一目的。他们不知道"职业生涯"的含义。他们敏锐且不安地意识到,向地球索取的比它能给予的更多。

后现代一代

X 一代不得不去适应互联网,而 Y 一代则为互联网而生。众所周知,Y 一代又被称为"数字土著"。不过更令人吃惊的或许是,如今 X 一代在网上花费的时间也超过了看电视的时间。他们正和 Y 一代一样,在社交网络上投入很多时间与精力。两代人的行为模式正在趋同。在这里,我们所谈及的是

[①] 罗伯特·卡帕,匈牙利裔美籍摄影记者,二十世纪最著名的战地摄影记者之一。——译者注

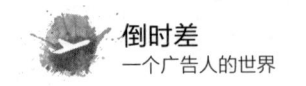

最早的两拨"后现代"人群。

这两代人对品牌都不反感。但他们熟知市场的结构,能识破一般的花招。我们必须尊重这一事实。首先,他们不会为他们父辈的品牌所疯狂。他们喜欢苹果,耐克显然要逊色一些。许多品牌的兴起简直是一种意外,尤其是当许多年轻的网络用户看到,他们自己在网上可以像专家一样有能力去影响他人的时候。他们中的许多人在网络论坛交流着一款产品的优劣。很多人会在脸谱网账户的个人资料里公开喜欢的品牌标志,这些品牌是他们个性的一部分。

他们同样也不反感广告。微软公司的一项调查表明,24%的人们会在网上下载广告视频,而在网上下载音乐视频的人数比例为30%,相比之下,二者差距并不是很大。我相信他们会继续分享优秀的广告,并促进更多广告创意的诞生。在线视频的发展将会形成创新的新形式,这个趋势在苹果的广告平台——iAd 上已经可以观察到。当该平台开始运行的时候,乔布斯就批评过时下大多数的网络广告粗糙劣质,并展示了苹果的 iAd 广告如何创造发展出新的广告形式。当时他为大众运行了一个展示尼桑电动汽车的广告程序。他总是为新的广告创意形式不断摇旗呐喊。

每年我们都创作出很多反映当代人怪诞幽默的广告片,这些广告片通常隐晦又刻意地表现出荒诞和荒谬。举例来说,有一部商业广告片,里面的爷爷触碰到的所有东西都会变成撞柱游戏用的小柱,因此他无法抱起自己的孙子;而另外一个糖果品牌的广告,是一个日本人教他儿子吹风笛……每天,纽约、伦敦的 X 一代和 Y 一代的天才创造者都会创作出新的剧本,我这一代不一定能够很好地理解,网络上的年轻人却喜不自禁。他们和朋友重新演绎这些创作,于是草根视频如野火般扩散开来。同样的视频版本有很多种,观众们会进行投票评选。也许哪一天,你就被评为了此类翻拍电影的最佳制作者。

幽默划分了年代,音乐将它们合而为一。在阿黛尔(Adele)、FM·拉蒂(FM Laeti)和佩蒂·史密斯(Patti Smith)的演唱会上我曾经同时见过不同的三代人。我对音乐的热爱要追溯到可以在法国北海岸收听到卡罗琳电台那个时候。那是一家英国私人电台,也是电影《海盗电台》(*Pirate Radio*)的灵感来源。不知怎的,世界看起来地域范围更大了,音乐伴随着甚至是领先了时代进程。披头士乐队创作的日益成熟,吉米·亨德里克斯(Jimi Hendrix)激昂的独奏,平克·弗洛伊德(Pink Floyd)的迷幻精神境界所创造的戏剧性疯狂,都给我们一种生活在强有力的渐强音中的感觉。对这 10 年,我最深刻的记忆是感觉到时代的进步,音乐逐渐开放和绽放。我仍然认为 20 世纪 60 年代的每一年都是音乐发展进程的新开端、新阶段。弗朗索瓦·贝戈多(François Bégaudeau)[①]在一本介

[①] 弗朗索瓦·贝戈多,法国作家,著有《公平游戏》、《对角线》、半自传体小说《墙壁之间》,以及关于滚石合唱团的虚构传记《1960—1969 年间民主的米克·贾格尔》等。

绍米克·贾格尔(Mick Jagger)的书中,比常人更深刻地领会到了那种感觉的精髓。他说道:"这个10年保持了稳定的增长。"他还提及了"60年代大熔炉的温度上升曲线"。他补充说,这10年是最能展现"时代转向"的10年。音乐家们形成了一种全球性的音乐链。难以计数的音乐潮流彼此融合;乐团组合彼此间碰撞发展,爆发出集体能量,这种能量在一次次录音、一场场演唱会中日益膨胀。贝戈多捕捉到了这个年代的精神,一种乐感的节奏。我读他的这本书时,有这样一种感觉,我们同属一个年代,感受到同样的前进运动,在同一种氛围中心跳加速。我非常惊讶地发现,他写这本书的时候年仅34岁。他是一名教师,为颇负盛名的法语电影杂志《电影手册》(Les Cahiers du Cinéma)撰稿。他还本色出演了电影《墙壁之间》(Entre Les Murs),这部电影曾荣获2008年戛纳电影节的金棕榈奖。他生于1971年,属于X一代。

换句话说,音乐建立了代际联结的桥梁。首先,近些年,父辈和子辈为同样的新旧冲击而痴狂。我20岁的儿子和我一起看过埃米纳姆(Eminem)的电影《八英里》(8 Mile)。像我一样,他清楚地知道利物浦的"默西之声"(Merseybeat)的艺术风格。我经历了摇滚乐到流行音乐再到朋克乐的变革,也远距离地见证了新潮流音乐、家庭音乐和高科技舞曲,我们的孩子则亲身体验了每一个阶段。每一代都有自己独特的音乐,然而如今年轻一代们已不再排外。他们不再抵制早前阶段的文化,而是补充和累积。

针对百事可乐一代(20世纪70年代的美国青年),我们制作了一部广告片,讲述美国歌手鲍勃·迪伦(Bob Dylan)将音乐的火炬传递给著名摇滚乐团黑眼豆豆(Black Eyed Peas)的主要制作人威廉·詹姆斯·小亚当斯(Will. i. am)。鲍勃·迪伦在舞台上演唱了歌曲《永远年轻》(*Forever Young*),随后威廉接过话筒,改编了歌词,使之符合摇滚的旋律。广告旁白对此作了很好的概括:"每一代都能给世界注入新鲜的血液。"

你说你想要一场革命

我们这代人,相信我们注定会改变这个世界。在我们的时代,自由言论运动[①]在美国伯克利兴起,除此之外,还有诸多其他运动在世界范围内爆发。在法国,便有1968年的"五月风暴"[②]。然而我们的梦想从未成真,那些不过是学生时代的幻想。我们创造的世界要比当时我们所渴求的更加危险,缺少稳定和团结。

我这一代还见证了广告的兴起。在一个过剩产品已经成为重要必需品的社会中,注定会存在对公平分配的批判。我

[①] 自由言论运动,20世纪60年代兴起于美国加州大学的学生运动。——译者注
[②] 1968年5—6月在法国爆发的一场学生罢课、工人罢工的群众运动。——译者注

们所创造的经济增长允许进行收入的重新分配，这样的事实让我们找到了安慰。最后，我们只看到了我们所做事情好的一面。事实是，我们的产业也造成了那个年代的不公正和不平衡。

火炬从我们这一代传递到了另一代，这代人不再抱有幻想，至少已经部分醒悟。一位政治哲学家将之表达为一个"痛苦的历史时刻"。他强调这不是历史的结束，而是一个历史性的终结。他还说到，未来的一代将会承担起一种非凡的使命，他们不得不重新调整历史的进程。虽然难以察觉，但他们现在就做着这样的事，他们正在经历一场看不见的革命。渐渐地，他们也就完成了我们那代人一直谈及却从未做成的所有事。

首先，也是最重要的是，他们想要把世界打造成一个更注重社交的所在。环境和社会责任精神成为新的行为规范。工业污染将会减少，商业会更加透明，慢慢地，收入差距也将消失，团结将会成为人们的共识。我们那代人曾经想要看到的更加有益的世界，未来这代人将使之成真。个人的命运将永远不会过于依赖集体的命运。

其次，下一代将会更加"扁平"，世界也将水平运作。互联网和通信将会逐渐打破等级体系或垂直管理的模式。人们对权威少了迷信，工作中权威的建立只能基于能力。如今我们国家的大型企业在作重要任命时，这种趋势是普遍可见的。专业技术是最受追捧的，但不会一直如此。未来，阶层性将会减弱。宝洁公司前任总裁 A. G. 拉弗雷就通过下放决定权彻底改变了企业的管理模式，不再仅局限于管理高层作决定，而是确保让基层员工也知晓待决议的事项。

最后，下一代将会使世界更加"本土化"。我们生活在全球化的类同文化的恐惧之中。其中一个问题是同一性，再一个就是简单化。这种理解只是部分合理的。互联网并没有扼杀本土文化，而是给了它们形成、成长和扩散的途径。我们重新发现了已经遗忘的传统、濒临消失的语言、稀有的工艺技术、异国的风情和文化。网络的美丽之处就在于它有一种让我们所有人逾越地域限制的能力。

20 世纪 60 年代后期的这种精神没有改变世界，却创造了一种持久的社区观念。20 年之后，这种精神促成了网络的发展。互联网或许是最紧密联结我这一代和后代人们的载体。著名科学家莫妮克·道格纳德(Monique Dagnaud)写了一篇夺人眼球的文章，名为《万维网，友好资本主义下的室内实验》(*Worldwide Web, A Laboratory Experiment in Friendly Capitalism*)。她说，互联网的集体想象深受 60 年代文化的影响。公正无私、知识的普遍共享，这种时代价值对今天的互联网是至关重要的。对此网络用户或许并不了解，但他们坚守了那些年代的精神。

2011 年 1 月 28 日，瓦伊尔·高尼姆(Wael Ghonim)在埃及开罗解放广场被捕。他是埃及要求游行反对穆巴拉克政府统治的第一人。幸好有脸谱网，成千上万的同伴听到了他的

倒时差
一个广告人的世界

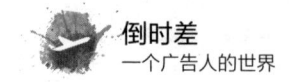

诉求，同时他也得到了警方的关注。12天后他被释放，人们才知道他年仅而立，时任谷歌公司驻埃及和中东地区市场总监。

离开互联网，仅靠一个排名第一的网络公司的区域经理是不能成功发动一场革命的。这是一个标志性事件，它象征着一个新的年代。

Yogurt｜酸奶

一天,我跟皮埃尔·杜帕斯奎尔(Pierre Dupasquier)交谈时,他说:"我们在错误的轨道上走了近20年。"

他是达能集团的首席执行官,而现在的达能是全球领先的乳制品品牌,属于美国达能的控股企业。那个时候,达能只是BSN运动营养集团的子品牌,BSN还拥有依云(水)、露怡(曲奇饼干)和克肜伯凯旋(啤酒)这些品牌。当时是1983年,我已经与达能合作了十多年。那时的达能酸奶系列包含了纯酸奶、调制酸奶、水果酸奶、维生素酸奶等多种产品,还有奶油甜点。总而言之,当时,达能传递出的各种信息中,从不谈及产品对健康的益处。达能当时的主要目的,其存在的理由,都像法国人所言,它在前进的道路上迷失了自我。

达能成立于1919年,是一位叫艾萨克·卡拉索(Isaac Carasso)的西班牙人以他儿子的昵称命名的。达能是丹尼尔(Daniel)——丹尼的西班牙语版本的缩写。在第二次世界大

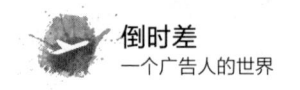

战之前,丹尼尔·卡拉索将达能带到了法国。与他父亲的做法一样,他首先通过药店渠道销售达能产品。

然而,几十年过去了,该品牌原有的文化早已弱化,达能成了主流的乳制甜点制造商,他们在超市出售所谓的"快乐"食物,这与品牌原来的"健康食品"定位背道而驰。其中的原因可以在当时的背景中找到,当时市场还处于起步阶段,五花八门的市场营销举措应接不暇,他们没有太多的想法去协调整合市场……皮埃尔·杜帕斯奎尔被他观察到的这一市场现象所警醒。但与此同时,他与BSN公司的前任老板安托万·里布(Antoine Riboud)在集团国际化战略这点上产生了很大的分歧。安托万·里布是曾推动BSN公司登上法国食品行业首位的大功臣,他一直在收购他看中的一些法国主导独立品牌。被收购的有像第戎芥末这样的品牌,也有一些甚至与公司核心业务无关的品牌,如伯瑞香槟和岚颂香槟,这些就皮埃尔而言似乎都是非战略性的行为。事实上,他是以全球范围为战略视角的。他的老板安托万·里布用自己的方式看未来,但安托万的问题是无法将眼光放在法国以外。然而,如果达能集团想要从与联合利华、通用磨坊、通用食品、卡夫等世界巨头公司的竞争中生存下来,就必须加强它自身的国际地位。

皮埃尔·杜帕斯奎尔有足够的智谋将自己的想法表达得清晰到位,在他看来,这是一种常识。他提出了这样一个问题:"我们在哪个产品种类中能够强势存在?而且这个产品领

Yogurt | 酸奶

域里没有真正的全球领导者?"答案是显而易见的,就是达能的酸奶和依云的矿泉水这两大品牌。他们需要做的是在全球领域对这两个品牌作大量的投资。这样的资金投入就意味着要放弃其他杂七杂八的品牌,也就是说,出售伯瑞和岚颂等香槟品牌,以及其他众多品牌。安托万·里布的儿子弗兰克正是这么做的,15年后的今天,通过他的重新调整,达能获得了巨大的成功。

皮埃尔·杜帕斯奎尔和安托万·里布之间的分歧曾一度扩大到不可收拾的程度。1983年底,皮埃尔离开了达能,奔赴美国担任强生公司的首席执行官,开始了他职业生涯的辉煌第二春。而他在达能留下的是一份迟到的认可和公司在健康领域根基的复活。就我个人而言,我已经在他和他的继任者之间传递了足够多的信息。不少外部顾问想要以启动该公司向健康产品战略转型这一策略进行邀功,而事实是,达能将这归功于它的前任老板:皮埃尔·杜帕斯奎尔。

营养健康中心

几年后,美国达能的总裁从美国飞到了法国,来接管法国达能。他建议我去看看家乐氏公司(Kellogg's)最近的作为。我将一份战略规划发送至大西洋对面,回件是一份令人印象深刻的报告,这份报告详细叙述了家乐氏在经营健康产品领域的所有计划。家乐氏的这些引人注目的数据的确掷地有

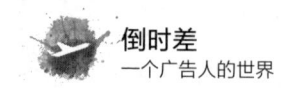

声，但也较为分散，缺乏一个主心骨。

我们建议达能成立一个营养健康中心。当时的想法是筹建一个可供公司研发人员与其他医生、营养学家和科学家共同交流的地方，目的是对饮食与健康之间的关系进行更深入的研究。我与主管该营养健康中心的医生参加了一些早期的会议，他感兴趣的是纯理论研究，而我的兴趣点在应用研究，我关注的是研究如何创造出新产品。我以广告学的角度来评估未来的收益或许为时过早，但这里有大量有潜力的新途径值得去探寻，它们涉及预期寿命、免疫系统、婴儿喂养等方面。每当我们遇到可能会引起人们兴趣的研究成果时，我们就会制作相关视频来为大众作出详细解释。

营养健康中心活动的主题是"Entreprendre pour la Sante"，意为"为健康采取行动"。Entreprendre是一个法语动词，没有完全对应的英语词汇，与"enterprise"（开创事业）一词相近。这是一个美丽的词语，尤其可以与我们最宝贵的资产——"健康"结合起来。

达能对此项活动没有发出任何声明，没有作任何浮夸的承诺，也没有超额销售。它仅仅表明了自身选择的道路。"为健康采取行动"的口号与这次活动有很强的相关性。达能已进入了一个更高的领域，但它并没有因此骄傲。我们制作了十几部广告片，每部的结构差不多，都插入了这样的旁白："明天，感谢研究，它让饮食成为我们生命的第一道保护线。"这一信念的灵感来源于两千年前希波克拉底的著作。有一个广告

Yogurt | 酸奶

片提到了预期寿命,这个广告中的小孩看上去不像他的祖父,而像他的曾祖父。另一则广告的主题是幼儿园的婴幼儿食品。还有一则广告是关于一个退休家庭的长寿问题。

达能营养健康中心的活动持续了很多年。这些年每个参观过我们公司的包装品公司都对这个项目非常羡慕。他们经常要求我们为他们的品牌也设计类似的活动,却很少成功。

1994年,安托万·里布决定将公司名称由原来的BSN改成达能。他通过描述一位像每个美国好公民一样在德克萨斯建立起股票投资组合的计程车司机形象,展示了他这样做的理由。他认为,这样的一个人如果想要投资欧洲的食品企业,他可能会选择雀巢,因为他了解它的产品,而BSN对他而言毫无意义。这就是为什么安托万·里布选择了达能作为他公司的新名称。达能只是一个分支,但也是最重要的分支。在里布向财经媒体宣布公司名称变化的那天,他作了一个围绕健康产品品牌价值的演讲,并指出,营养健康中心的创立是一项创举,是达能未来定位最有说服力的指标之一。

20年前,超市自有品牌的竞争意味着只有具有最强价值的品牌才能幸存下来。由于达能开始实行"为健康采取行动"项目,它在世界各地的地位都得到了加强。达能已成为市场的领导者,在几乎所有有达能产品的国家,它都具有远远甩开对手的强大优势。达能的总经理伯纳德·乌尔(Bernard Hours),最近接受了法国巴黎高等商学院内部刊物的采访。他说:"达能的工作使命是让大多数人能够通过健康饮食获得

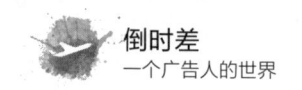

健康的身体，这不仅仅是商业策略，也是我们公司存在的基石。"1990 年，伯纳德是达能公司的市场部负责人，是他延请我们策划了达能营养研究中心的广告。

1998 年，达能决定将其所有广告整合为一个全球网络体系。它邀请了当时的三大广告机构进行商讨，我们也在事后提出了想法。但是当时的时机太糟了，我们已经被收购，但尚未与 TBWA 公司合并。最后，我们没有赢得这个项目。结果虽然难以接受，但我也能够理解。当时的扬罗必凯广告公司似乎比我们更加有国际地位，他们拿下了这个项目。

从酸奶到小额贷款

弗兰克·里布在接手他父亲所创办的达能后，显示出了超凡的领袖魅力。他推出了许多大胆的举措，并完全改变了达能集团的结构，尤其是重新开始关注与健康相关的活动，删减了不利于集团朝健康方向发展的部门和品牌，正如我前面提到过的。后来，他还收购了荷兰的医学营养全球领导者——纽蜜可集团。

另外，他与穆罕默德·尤努斯建立起了一系列卓有成果的合作。当我读尤努斯的书《创建一个没有贫穷的世界》(*Creating a World Without Poverty*)时，让我感到震惊的是，第一章完全是关于尤努斯与达能合作的事，它的标题是"以一次握手开始"。

Yogurt｜酸奶

社会化商业及小额信贷的发明如何影响世界的故事是众所周知的,这都归功于穆罕默德·尤努斯。在过去的25年里,已经有超过60亿美元流入到千万家庭。据最近的一项研究表明,约有64%的受益者设法通过保障自由的小额信贷来摆脱长期贫困。穆罕默德·尤努斯告诉巴黎的《世界报》,"金融的逻辑是穷人应该迫于压力还款","在格莱珉银行(Grameen Bank),我们做的却恰恰相反。我们的贷款不要求他们有担保,我们不征收过高的束缚人的利息。我们已经扭转信贷的基础。有了我们,你拥有得越少,越在我们考虑的范畴"。通过这样的方式,尤纳斯已经帮助数百万发展中国家的独立劳动者们——小店主、维修工或裁缝去建立自己的事业。可想而知,通过放弃担保的想法,尤努斯给金融领域带来了最根本的破坏。他也证明了,即使是获得非常少的资金,有时也可以改变人的一生。他还努力制止金融上的"种族隔离",正如他所说。他想找到一个50%的人每天都可以赚到不少于两美元的经济世界。

当弗兰克·里布和穆罕默德·尤努斯成立格莱珉达能食品公司(Grameen Danone Foods)时,他们也就发明了社会化跨国企业模式。在一个社会化企业里,人们先投入资金,在一定时间后股东会恢复他们的原始股权,但没有股息回报。社会企业本就不是慈善机构,它们的运行也跟任何其他公司一样,必然要发展营业额去收回成本,而慈善机构完全靠捐赠。穆罕默德·尤努斯尊重慈善,但他也强调慈善的局限性,指出存在着一种"同情疲劳"。

格莱珉达能食品致力于生产和销售成本低廉的酸奶。它填补了一种营养方面的空白：一瓶酸奶可以提供一个人日常所需的35%营养。牛奶原材料由小三轮冷藏车从农场运到乡村，其产品结合了当地的糖和其他营养物质，富含丰富的维生素和其他健康元素。产品名为孟加拉语中的"Shokti"，意思是能量。在该国有一部分人没有冰箱，所以这种酸奶被设计成拥有一周的保质期。酸奶的生产在博格拉地区的众多微型工厂展开。农村配送服务由1 500名所谓的"能量女郎"在周围的乡村提供。

达能一直在从低收入国家的运营经验里开阔其企业视野。正如弗兰克·里布所说的那样："你要学会在物流、产品准入与亲和力等多方面以不同的方式工作。最终，这会改变我们在法国的做事方式。通常的做法是派出外籍人士去贫困国家考察，他们按照惯例工作完，然后就返回。我要做的完全与之相反。每一天，我作的决定都会影响不同的人，其中不乏贫困的消费者和孩子。如果我找得到一个方法让他们买得起我的产品，那我肯定会有能力更好地处理法国折扣超市的需求。"

距离我最后一次为达能公司工作已经过去了十多年。我很珍惜与它合作的日子，我想我永远无法重新回到那段时光了。后来有一天，我发现我们位于孟加拉国的分公司在负责达能的业务，他们甚至让穆罕默德·尤努斯担任了该品牌的广告代言人。你可以看到在广告中尤努斯被几十个孩子围绕着,他们大赞"能量"酸奶和社会化商业,用喜爱和尊敬的眼神看着他。虽然穆罕默德·尤努斯在他的家乡可能有一些政界敌人,但在当地他是一个活神仙的形象。

这个故事接近尾声。我为达能工作了25年,看到我们的合作告一段落,我还是有些感伤的。现在,我们公司体系中的一个机构正在忠心致力于协助达能运营。

Zimbabwe｜津巴布韦

"你能否送我们一张海报作为永久收藏？"

一位英国博物馆馆长曾向我们约翰内斯堡分公司的负责人约翰·亨特寄信请求道。这位馆长想要展览在广告史上获奖最多的一个视觉作品，它诞生在 2009 年我们为《津巴布韦报》(*The Zimbabwean*) 策划的一场活动中。约翰将这封信读了好几遍，他既感到受宠若惊又十分感动，因为这样一个伟大的机构将约翰策划的这场活动本身视为艺术。最重要的是，这个请求意味着，这场深深留在南非人、津巴布韦人和世界各地博客主脑海中的名为"万亿元活动"的冒险活动达到了它的巅峰。

万亿元活动

2005 年，在记者们因为揭露选举造假黑幕被迫离开自己

Zimbabwe | 津巴布韦

的国家后,《津巴布韦报》成立。罗伯特·穆加贝(Robert Mugabe)政权摧毁了反对派,导致津巴布韦当局陷入了混乱。一批志愿者聚集在津巴布韦著名的出版商维尔夫·穆邦加(Wilf Mbanga)周围,而报纸的编辑在伦敦完成。正如报纸口号所言,《津巴布韦报》"为无声者发声"。

但是回到一开始,非洲的情况普遍是,一切似乎都很顺利。当津巴布韦在1980年独立时,整个民族都陷入集体狂欢。人们跟着鲍勃·马利的《津巴布韦之歌》跳舞,这首歌是为了祝贺这个被称为"罗得西亚的废墟中诞生的新国家"而创。津巴布韦的首都由原来的索尔兹伯里改名为哈拉雷。1987年,总理罗伯特·穆加贝当选为总统后,形势急转直下。穆加贝开始实行独裁统治,并把自己变成了基于恐怖和告发的政权的残暴头目。在接受巴黎《世界报》记者采访时,他居然说自己有一定的"暴力倾向"。随之而来的是津巴布韦前所未有的经济和社会崩溃。在争取独立时期,他的朋友亲切地称他为鲍勃同志,但这位早期的国家解放者早已变成了穆加贝暴君。他让1 200万津巴布韦同胞进入了一个噩梦般的时代,社会陷入前所未有的困境,整片土地充斥着饥荒和霍乱。恶性通货膨胀在这个国家牢牢扎下了根。2008年,津巴布韦全年通胀率达到了让人匪夷所思的2.31亿个百分点。这位哈拉雷强人认为通过印刷大量钞票可以更好地为自身利益服务,在这之后他也没打算收手。

早在1989年,反对派被解散,记者被监视起来,大胆声讨政权极权主义倾向的人遭受逮捕，他们经常挨打，并被迫流亡。2008年6月，穆加贝政权开始对国外印刷的报纸征收可用外币支付的进口税。这种伎俩是为了封锁独立媒体的言论，确保它们无法接触到当地受众群。外资为主的报纸，比如《津巴布韦报》，被归为了"奢侈品"。一夜之间，它成了普通读者买不起的报纸。

300万津巴布韦人生活在稍大的邻邦南非，他们大多是新移民。有一个办法可能能够鼓励他们阅读这份报纸：南非报纸销量的增加将有助于补贴其在津巴布韦国内的销售。报纸出版商与我们接洽，商讨行动计划，我们建议他们谴责在津巴布韦因为货币崩溃而造成的经济浪费。怎么能以最小的成本实现这一目标？他们提供的钱只足够支付印刷一点海报。我们公司想出了一个可能会创造历史的好主意。我们没有将海报印在昂贵的海报纸上，而是决定印刷在他们现在一文不值的津巴布韦钞票上……一张一张，将货真价值的钞票贴在巨型广告牌上。

津巴布韦经济崩溃最有说服力的标志之一就是津巴布韦著名的面值一百万亿元的钞票。即使没有货币价值撑腰，整个纸币的面值也达到了令人目眩的高度。一百万亿元永远保持着货币发行史上最高面值的纸币纪录。现在这种纸币已经没有了，但我很幸运留有一张，并一直放在我的办公室。2009年，100 000 000 000 000元津巴布韦纸币首次发行，我没算错，这是印在上面的零的真实数量，这个面额的纸币大约

Zimbabwe | 津巴布韦

相当于 30 美元。大多数津巴布韦钞票的实际价值比它们印刷的纸的价值少得多。如果用这些钞票既不能买一个面包,同样地,也不能买下一个广告,或许,它们可以被用来做一些别的事情。于是一百万亿元津巴布韦纸币便被用来作为这场广告活动的印刷纸张。以下是三个印刷在纸币上的口号:

"在钞票上印刷比在纸上更便宜。"

"2.5 亿元津巴布韦钞票竟还买不起印刷海报的纸张。"

"归功于穆加贝,钞票简直就是壁纸。"

由此产生的海报就像巨型壁画一样贴在约翰内斯堡主街道上,数以万计的钞票成了在街头、商场、大学分发的传单,《津巴布韦报》的电子邮箱地址也被印在了钱上。这些钞票被寄给商人、政治家、媒体名人,没有人遗漏在外,也没有哪个街角未贴上这些钞票海报。

津巴布韦成千上万一文不值的钱赋予了这场"万亿元活动"覆盖全球的影响力。这场活动从一开始,就在各国的电视台和电台被广泛讨论和评价。不久后,全世界都通过互联网看到了这些钞票海报,活动被人们认知的速度打破了历史纪录。我们获得了全球性的曝光,有关我们的新闻被刊登在《纽约时报》网站、法国《世界报》网站、《赫芬顿邮报》,还有世界各地的 800 多个网站和博客中。几十个,也可能是数百个电视频道对我们的活动进行了报道。活动发起的一周内,《津巴布韦报》的网站就获得了两百多万的点击率。

《津巴布韦报》的总编辑维尔夫·穆邦加这样描述这个活

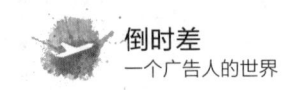

动创意:"使用一文不值的钞票做海报是天才之举。没有人想要费心去偷它。没有海报或广告牌被损坏过,尽管事实上它们是拿纸币来制作的。这毫无疑问地证明了津巴布韦货币的一文不值和穆加贝政权在经济管理上的失败。"他还将这次"万亿元活动"称为"简单的不简单力量"。

几个月后,哈拉雷政府被迫颁布了一项严厉的措施,直接取消了津巴布韦的货币。流通中的每张津巴布韦纸币一经发现就被销毁。我们的"万亿元活动"已经把这场经济危机的最突出症状直逼终结。津巴布韦当局接下来甚至没有去建立一个新的货币体系。如今,在津巴布韦只有两种货币流通:美元和南非兰特,没有当地货币的存在。

至于《津巴布韦报》,它的发行量在短短数周内就增长了50%以上。哈拉雷政府也被迫取消了对国外进口报纸的特殊税征收,这份报纸得以生存下来。

短暂的艺术

这场"万亿元活动"没有花费多少成本,在约翰内斯堡也仅仅租用了大约20个广告牌,但它的影响是全球性的。2009年,在戛纳、伦敦、纽约和新加坡等地的每个大型广告节上,钞票海报都揽下了大奖。这场活动背后的策划者——约翰·亨特用多年前对他团队说过的一句话对这场"万亿元活动"作了个总结:"重点不是你的预算规模是多少,而是你的创意能有

Zimbabwe | 津巴布韦

多天马行空。"

利用纸币做广告就像是当代艺术中的故意反常使用行为。自从津巴布韦货币在流通中消失后,我们生产出来的一些纸币传单已成为收藏品。当大英博物馆的馆长向约翰·亨特要这场百万美元活动留下来的原件时,他说:"我们正在寻找当代艺术史上的历史转折点。"他认为这场活动对于《津巴布韦报》来说是一个决定性的时刻。比起这场活动,没有什么可以给约翰·亨特带来更多的乐趣了。一个国家不得不放弃自己的货币,独裁者的嘴脸被全世界所知晓。这场广告活动比历史上以往任何广告获得的奖项都要多。但对于约翰来说,大英博物馆的收藏比之前的任何奖项都更有意义,这是一个神圣之举。

自从图卢兹·劳特雷克(Toulouse-Lautree)为巴黎红磨坊酒店设计的海报后,广告作品已经出现在大英博物馆很长一段时间。最近,这座当代艺术博物馆的大屏幕上展出了最为优秀的广告艺术片。艺术和广告在很长一段时期是混乱复杂的关系,它们的交融碰撞往往不可预测,结果却是丰富多彩的。绝对伏特加公司没有要求安迪·沃霍尔为其绘制广告商标,这是沃霍尔自己提出的。在斯德哥尔摩的绝对伏特加博物馆有各种各样的艺术家的作品被展出,其中有画家、音乐家、雕塑家、建筑师、时装设计师等。而沃霍尔的与众不同之处在于,他是第一个在这里展览作品的。

经常有人问我,广告是否是一门艺术。我总是说,我从来

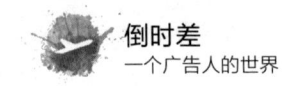

不相信广告是,但广告可以由艺术家进行转化。最伟大的摄影师、插画师、导演、编剧都会使广告变得更高贵。有些人执意重提这个问题。那我承认,广告也许是一门短暂的艺术,它不在于追求永垂不朽的成功。

　　成功的广告必须是立竿见影的。譬如,从第一天开始,《津巴布韦报》就获救了。

Afterword ｜ 后记

颠覆性创意已经伴随我 20 年,这一概念也是接下来我要说的核心内容。

在我们所生活的这个世界,没有任何单一因素是被认为可以独立存在的。万物促成万物,万物依靠万物。个体的生存从来没有如此依赖于集体的命运。

智慧开始变得有集体属性。带给我们新创意的发明者们在自己的研究室里单枪匹马地埋头苦干已成为过去式。现在,在跨学科团队里集体工作的麻省理工研究人员越来越多,他们企业研发部门的同僚们也是如此。企业战略已不再是由象牙塔里的首席执行官们单独制定,越来越多的员工加入集体协作的过程当中。

有利于集体共同努力发展的前所未有的时刻正在到来,我们正在进入一个相互依存的世界。在这个世界,独立个体的大脑运动远比不上人与人之间进行的思想传递协作。接受

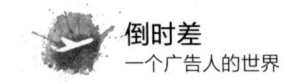

他人的合作将会为个人创造力提供基础，为未来创造财富。

接下来的一代人需要去定义新的政治地理学概念。他们需要找到南北间新的平衡点，企业内部更为和谐的劳动关系，公共部门和私人部门之间、家庭生活和社会生活之间的新的连接点。

与以往相比，我们在面对未来的困难与挑战时，更好的行动其实往往是具有颠覆性和破坏性的。我们应该不断地去挑战传统，仅仅从我们所知道的过去去推断未来是不够的，我们需要发掘那些在今天看来不可想象的能够解决问题的方案。

以前难以想象的东西现在成了我们日常生活的一部分。如果10年前有人描述苹果、谷歌或脸书将会为我们使用，没有人会相信他所说的。我们要去想不敢想的，只有在这种情况下，我们才有希望去掌握这个生活在其中的、不可预知的世界。

当下，我们就是要那么"不切实际"，而这是保留"真实"的最佳途径。

Translator's Afterword ｜译后记

2014年年中,我刚从美国密苏里大学新闻学院访学回来不久,便接到了上海社会科学院出版社应韶荃老师的邀约,翻译《倒时差:一个广告人的世界》一书。虽然入职上海社会科学院新闻所后,已少有从事广告方面的研究,但回想当初考研转换专业时对广告的极大热情,以及考博时对广告研究的执念,我还是欣然应允了。

开始阶段翻译还比较顺利。不想,回国后科研任务越来越重,节奏愈来愈快,时间渐渐没有了保障。在此,非常感谢曾经参与翻译工作的张小晴、马衍、朱奕霖、唐巧盈、叶雪枫、张钰莹、郑春风、贾天琼、詹焕焕、蔡琰,他们的共同努力,方使进度不致延误。同时,也特别感谢应韶荃老师和出版社对时限上的宽容。上海社会科学院出版社的陈慧慧老师在此期间对全书作了非常仔细的校译,使译作大为增色。

中文版即将面世,我在如释重负之际亦备感欣喜和期待。

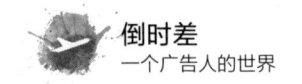

本书作者让-马里·德鲁对自己 40 余年的广告从业经历和理念进行了系统梳理和提炼。通过其所在公司与苹果、米其林、达能、宝洁、尼桑等大品牌合作的故事，生动展现了作者在广告创作中尊重传统、追求卓越、勇于创新的精神。其中，作者提出的"颠覆式创新"的理念、思维方式和实现方法对广告从业者和初学者具有很好的启迪作用。广告业是一个实践性非常强、变化非常快的行业，但对"创新"的需求从未改变，作者的广告从业理念为我们提供了以不变应万变的工具。此外，作者别具一格的章节排序方式和故事表现手法，也增加了该书的可读性和趣味性，兼顾了学术价值与理论普及的良好平衡。希望本书对广大广告研究者、从业者、学生和爱好者有所启发和帮助。

虽经多次校译，但因才智所限，难免疏漏，还望方家不吝赐教。

戴丽娜
2018 年 3 月

这本书中讨论的几乎所有广告宣传活动都是由我在 TBWA 公司的合作伙伴所创造的。我要真诚地为他们所做的一切表示感谢。另外，我也要对在书中提到的其他公司和机构的工作人员表示感谢。

TBWA 公司历史

合并与收购

1968 年：Chiat/Day 在洛杉矶成立。

1971 年：TBWA 在巴黎成立，收购 Costello & Fine 之后，迅速在欧洲和美国建立了业务。

1984 年：BDDP 在巴黎成立，通过收购 Wells Rich Greene，业务遍及欧洲、亚洲和美国。

1991 年：Omnicom 收购 TBWA。

1995 年：Omnicom 收购 Chiat/Day，随后 Chiat/Day 与 TBWA 合并。

1998 年：Omnicom 收购 GGT/BDDP，BDDP 和 TBWA 两家国际广告公司合并。

2007 年：TBWA 被《广告时代》杂志评为全球第六大广告公司。

重要转折

1989 年：BDDP 对英国上市广告公司 BMP 发起恶意收购，BMP 旗下还包括美国代理机构 Ammirati & Puris 和 Goodby, Berlin & Silverstein。Omnicom 以白衣骑士的身份介入，收购了上述机构。

1990 年：BDDP 收购 Wells Rich Greene，也因此背负了沉重的债务，被 GGT 收购。

1998 年：如上所述，Omnicom 收购了 GGT/BDDP。TBWA 基本上是 TBWA、Chiat/Day 和 BDDP 合并而成，由此形成最终格局。

显著成就

2004年：TBWA被《广告周刊》评为年度最佳广告公司。
2006年：TBWA被《广告时代》评为年度最佳广告公司。
2008年：TBWA被《广告时代》评为年度最佳广告公司。

图书在版编目(CIP)数据

倒时差：一个广告人的世界／(法)让-马里·德鲁
著；戴丽娜等译.—上海：上海社会科学院出版社，2018
ISBN 978-7-5520-2242-1

Ⅰ.①倒… Ⅱ.①让…②戴… Ⅲ.①广告公司－企业管理 Ⅳ.①F713.87

中国版本图书馆 CIP 数据核字(2018)第 033489 号

上海市版权局著作权合同登记号 图字：09-2014-285
Jet Lag: Le monde vu de la publicité
by Jean-Marie Dru
Copyright © Editions Grasset & Fasquelle, 2011
All Rights Reserved
Simplified Chinese translation copyright © 2018
by Shanghai Academy of Social Sciences Press Co., Ltd.

倒时差：一个广告人的世界

著　　者：[法]让-马里·德鲁
译　　者：戴丽娜等
责任编辑：应韶荃　陈慧慧
封面设计：黄婧昉
出版发行：上海社会科学院出版社
　　　　　上海顺昌路 622 号　邮编 200025
　　　　　电话总机 021-63315900　销售热线 021-53063735
　　　　　http://www.sassp.org.cn　E-mail:sassp@sass.org.cn
照　　版：南京前锦排版服务有限公司
印　　刷：江苏苏中印刷有限公司
开　　本：890×1240 毫米　1/16 开
印　　张：8.75
插　　页：5
字　　数：167 千字
版　　次：2018 年 8 月第 1 版　2018 年 8 月第 1 次印刷

ISBN 978-7-5520-2242-1/F·505　　　　定价：63.00 元

版权所有　翻印必究